저학년부터 시작하는 쉽고 재미있는 최신 시사상식

초등 신문 읽기

생태·사회

양춘미(THE배우다 대표) 지음

서사원 주니어

들어가는 말

　　TV를 과감하게 없앴습니다. 아들이 서너 살이 될 무렵이었어요. 아이의 TV 노출을 줄이겠다는 다짐 너머에는 북카페 같은 거실을 만들고 싶다는 저만의 로망이 있었습니다. 주말마다 <무한도전>이나 <1박2일>을 보며 더 이상 웃지 못했지만, 전혀 아쉽지 않았습니다. 우리 가족은 주말마다 공원이나 캠핑장으로 향했고, 여가가 생길 때마다 책을 읽거나 레고를 조립하며 TV 없는 일상을 제법 즐기고 있었거든요.

　　그런데 말이죠. 아이가 초등 입학을 하고 나니 TV가 없다는 현실이 아쉽기 시작했습니다. 튀르키예는 대지진으로 인해 어떻게 됐는지, 몰디브는 왜 인공 섬을 만들고 있는지, 꿀벌이 왜 사라지고 있는지 등의 뉴스를 접할 길이 없더라고요. 물론 마음만 먹으면 태블릿이나 컴퓨터를 이용해 보여줄 수는 있었겠지요. 하지만 세상에는 아이에게 들려주고 싶지 않은 무서운 소식들(살인, 자살, 살해, 성폭력 등등)이 더 많으니까요. 이런 뉴스가 무분별하게 아이에게 전달되는 것 또한 막고 싶었습니다. 그래서 선택한 것이 신문이었어요.

　　처음에는 유명 일간지와 그에 딸린 어린이 신문을 구독했습니다. 어린이 신문을 제가 먼저 읽어본 후, 아이가 읽었으면 하는 기사를 잘라 신문 스크랩 노트에 붙이고 이야기 나누었어요. 뿌듯했습니다. 아이와 이런 시사 내용을 토대로 이야기를 나누다니! 아이의 문해력을 쑥쑥 키우는 훌륭한 엄마가 된 것 같았어요. 하지만 그런 뿌듯함은 며칠 가지 못했어요.

　　분명 어린이 신문인데, 어려운 한자어가 너무나 많이 등장했습니다. 모르는 낱말을 설명해주다가 진이 빠지곤 했습니다. 한 문장 한 문장 독해하다가 전체적인 문맥을 놓치는 느낌이었어요. 어떤 기사는 아이가 읽기에 분량이 과다했습니다. 또 어떤 기사는 성인 신문의 기사 내용을 그저 줄여놓기만 해서 단순한 정보 때문에 읽고 나서도 답답했습니다. 점점 갈수록 기성 신문의 한계를 느끼고 있었습니다.

　　저는 출판사에서 꽤 긴 시간 일했습니다. 출판사 에디터에게 '신문사에 보내는 보도자료 쓰기'는 매우 중요한 업무 중 하나입니다. 저는 팀장으로 일했으니 담당 편집한 책의 보도자료 작성 외에도 팀원들의 보도자료까지 숱하게 읽고 수정했습니다. (네, 맞습니다. 신문에는 기자들이 취재를 통해 쓰는 기획기사도 있지만, 관공서나 기타 기관에서 보내는 보도자료를 토대로 쓴 기사도 있습니다.) 신문 스크랩에 지쳐갈 무렵 '그냥 내가 써버릴까?' 스멀스멀 이런 생각이 들더군요. 그리하여 보도자료 출처를 찾아 초등 저학년 아이들도 쉽게 이해할 수 있도록 각색하여 기사를 쓰기 시작했습니다.

'우다다뉴스'는 이런 과정을 통해 만들어졌습니다.

처음에는 저희 아들만 읽고 쓰고 했습니다. 아들을 위해 만든 신문이었으니까요. 만들다 보니 욕심이 생기더라고요. 좀 더 이해하기 쉽도록 손수 그림을 그려 넣고, 도움이 될 만한 영상도 찾게 되고, 도표도 만들고요. 애써 만든 자료가 아까워서 친구네 선물했더니 반응이 대단했습니다. 단순히 생각 글쓰기나 시사상식만 담은 게 아니라 수학, 역사, 과학 등 광범위한 영역을 다루고 있는 어린이 신문이라고 칭찬 일색이더군요. 그때 용기가 생겼습니다. '세상에 내놓아도 되겠다!' 그렇게 '우다다뉴스'는 매주 화요일마다 PDF 형태의 온라인 신문으로 발행되고 있습니다. 벌써 3년째입니다. (참고로 '우다다'는 제가 운영하고 있는 어린이 교육 콘텐츠 회사 'THE배우다'의 알파카 캐릭터 이름입니다.)

이제 우다다뉴스를 책의 형태로 세상에 내보냅니다. '환경·국제', '생태·사회', 'IT과학·문화예술' 등 영역별로 나눠 한 권 한 권에 담았습니다. 아이들이 알아두면 좋을 뉴스를 선별하여 좀 더 말끔하게 다듬었고, 관련 책이나 정보를 추가하였습니다. 책으로 엮은 우다다뉴스의 매력에 우리 아이들뿐만 아니라 부모님들도 흠뻑 빠져들기 바랍니다.

세상에서 일어나는 수많은 일들은 외워야 하는 것도 아니고, 정답이 있는 것도 아닙니다. 공부해야 할 무언가는 더더욱 아니지요. 여러 사건들을 통해 '나만의 생각'을 가져보는 것! 이것만으로 우리 아이들에게는 충분합니다. 아이들의 답변이 어설프고 엉뚱해도 괜찮습니다. 그때만이 가질 수 있는 '귀여운 생각'들이 훗날 '깊은 사고', '넓은 시야', '다양한 감정'의 씨앗이 될 것입니다.

우다다뉴스를 책으로 만들자는 근사한 제안을 해주신 서사원 장선희 대표님, 진심으로 고맙습니다. 애정과 열정으로 제 원고를 편집해준 강교리 에디터님을 비롯하여 저의 활동을 무한히 응원해주는 THE배우다 멤버들에게도 고맙다는 말 전합니다. 우다다뉴스의 근간이 되었던 아들 코타에게 사랑한다는 말을 전하며 책을 마무리합니다.

2024년 4월
THE배우다 대표 **양춘미**

이렇게 활용하세요

신문 기사

초등학생이 꼭 알아야 할 최신 뉴스를 엄선해 이해하기 쉬운 어휘로 풀어 썼습니다. 부담 없는 분량과 흥미로운 주제로 아이 혼자서도 충분히 읽어낼 수 있어요. 소리내어 읽은 후 기사의 난이도를 표시하고, 모르는 낱말을 적어보세요. 모든 활동을 마치고 난 뒤에 새롭게 알게 된 낱말을 다시 확인해볼 수 있습니다.

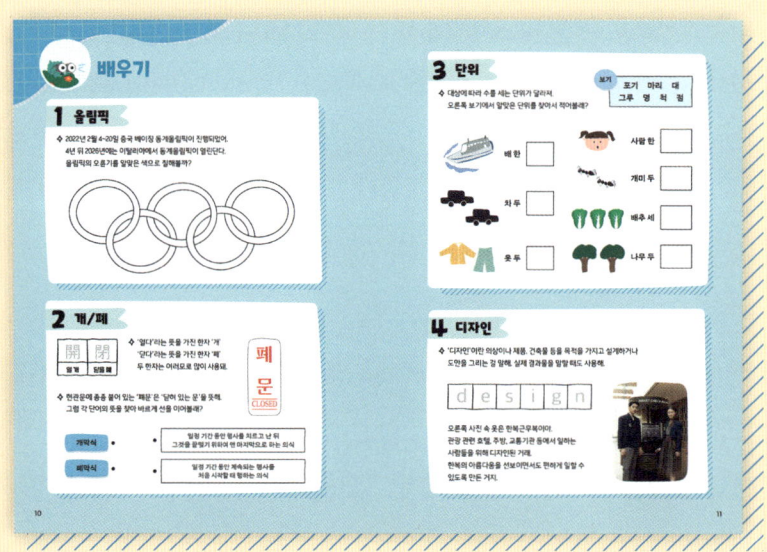

배우기

기사 내용을 이해하기 위해 알아두면 좋은 배경 지식을 담았습니다. 정치, 경제, 사회, 과학, 수학 등 다양한 분야의 지식은 물론, 기사 속 용어의 어원과 쓰임새, 파생어, 한자와 영어 표기법까지 전 교과 학습 능력과 어휘력을 키울 수 있도록 구성했습니다. 아이 눈높이에 맞춘 따라 쓰기, 선 잇기, 색칠하기, 그리기 등의 활동으로 재미있게 학습해보세요.

써보기

꼭 알아두어야 할 낱말을 단어장으로 정리했습니다. 기사를 완전히 이해했는지 확인하기 위해 내용을 간단히 요약해보고, 나아가 기사를 읽고 든 생각을 글로 표현하는 연습을 합니다. '기사 속 인물이 왜 그랬을까?' 하는 논리적 추론부터 '나라면 어떻게 했을까?' 하는 창의적 사고까지, 논술의 기초가 되는 다양한 토론 주제로 글쓰기와 함께 풍부한 이야기를 나눠보세요.

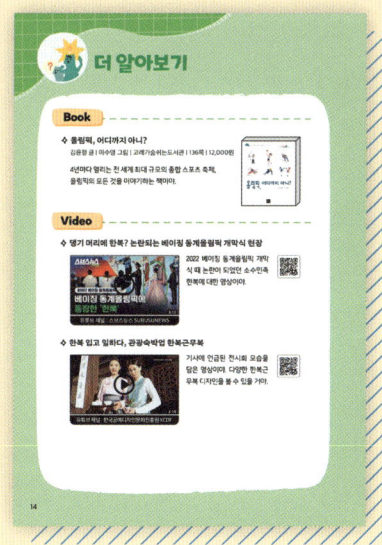

더 알아보기

함께 읽거나 보면 좋을 책, 영화 등 기사 내용과 연계된 양질의 콘텐츠를 소개합니다. 또 주제와 관련된 유튜브 영상, 집에서 직접 해볼 수 있는 활동 등을 QR코드를 활용해 바로 볼 수 있습니다. 다양한 시청각 자료로 한층 더 생생하고 깊이 있게 기사 내용을 접하며 아이가 관심 있어 하는 분야가 무엇인지 체크해보세요.

목차

들어가는 말 … 2

이렇게 활용하세요 … 4

예시 답안 QR … 8

1	일상으로 찾아오는 우리 한복 … 9
2	봄꽃 피는 순서가 달라졌어요 … 15
3	마르시칸 불곰을 구해줘요 … 21
4	고기 없는 고기 햄버거 … 27
5	백두산, 화산 폭발할까? … 33
6	사라진 꿀벌들은 어디로 갔을까? … 39
7	선인장으로 지갑을 만들었다고? … 45
8	구글 검색어 순위 1위에 오른 레시피, 비빔밥 … 51
9	장애인 이동권 보장 시위 … 57
10	바다로 돌아갔던 돌고래 '태산이', 숨지다 … 63
11	교차로 우회전 차량은 일단 멈춤! … 69
12	단풍 지도가 있다고? … 75
13	똑똑한 자율운행 버스 … 81

14	유통기한이 소비기한으로 바뀌었어요 … 87
15	이틀 만에 집을 지어요 … 93
16	도토리 300킬로그램 모은 딱따구리 … 99
17	동물원을 탈출한 얼룩말, 세로 … 105
18	김치의 맛을 결정짓는 옹기의 비밀 … 111
19	어느 아메리카흑곰의 최후 … 117
20	가로수를 함부로 베지 마세요! … 123
21	푸바오에게 쌍둥이 동생이 생겼어요 … 129
22	이젠 장마가 아니라 우기라고요? … 135
23	피자, 햄버거 광고를 금지한다고? … 141
24	지하철에 나타난 아름다운 청년 … 147
25	경주 대표 간식 '10원 빵' 모습 바뀐다 … 153
26	'노 키즈 존'은 차별일까? … 159
27	미국에서 인기를 끄는 한국 냉동 김밥 … 165
28	길고양이 보호를 위한 법, 필요할까? … 171
29	밀크플레이션, 우유 값이 오른다 … 177
30	경찰견 '럭키', 영원히 잠들다 … 183

재미있는 신문 읽기, 같이 시작해볼까?

'배우기' 예시 답안은 여기서 확인할 수 있어!

날짜   년   월   일

일상으로 찾아오는 우리 한복

지난 2022년 2월, 중국 동계 베이징 올림픽 개막식에서 우리의 한복을 중국 소수민족 의상으로 등장시켜 논란이 일었습니다. 인터넷상에서는 한복이 어느 나라의 고유 의상인지 중국과 한국의 '한복 논쟁'이 벌어졌습니다. 2022년 8월 문화체육관광부는 한국공예디자인문화진흥원과 함께 한복을 학교와 일터에서도 착용하기 위해 '한복근무복·한복교복 전시회'를 열었습니다. 전시회에서는 일터와 학교에서 입을 수 있는 한복근무복 30점, 한복교복 15점을 선보였습니다. 공개된 한복은 호텔, 주방, 문화관광 안내소 등의 근무자들이 편하게 입으면서도 한복의 아름다움을 뽐낼 수 있도록 디자인되었습니다.

한복근무복은 이미 2020년부터 개발되어 현재는 국립한글박물관, 경북 상주시청, 서울 종로구청 등 여러 기관에서 도입하고 있습니다. 2024년 3월부터는 대구에서도 관광지에서 일하는 근무자들이 한복을 입고 일합니다. 한국의 전통 의상과 그 가치를 보다 많은 사람들과 세계에 알리는 계기가 될 것입니다.

ⓒ 문화체육관광부

모르는 낱말 적기 활동을 끝낸 뒤, 알게 된 낱말에 ○표 해보자!

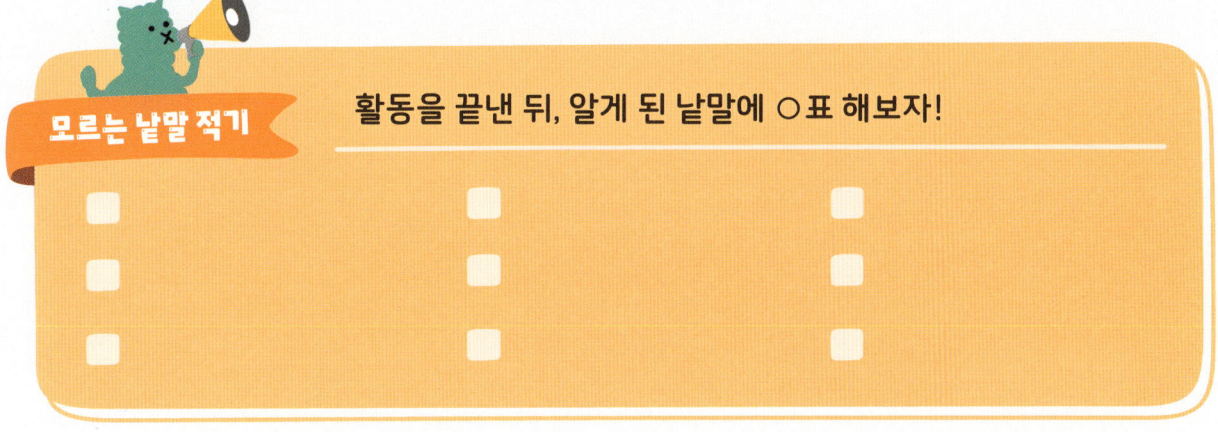

◆ 소리내어 읽었나요? ✓

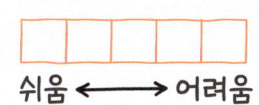

쉬움 ←→ 어려움

배우기

1 올림픽

✧ 2022년 2월 4~20일 중국 베이징 동계올림픽이 진행되었어.
4년 뒤 2026년에는 이탈리아에서 동계올림픽이 열린단다.
올림픽의 오륜기를 알맞은 색으로 칠해볼까?

2 개/폐

開 열 개 / 閉 닫을 폐

✧ '열다'라는 뜻을 가진 한자 '개'
'닫다'라는 뜻을 가진 한자 '폐'
두 한자는 여러모로 많이 사용돼.

폐문 CLOSED

✧ 현관문에 종종 붙어 있는 '폐문'은 '닫혀 있는 문'을 뜻해.
그럼 각 단어의 뜻을 찾아 바르게 선을 이어볼래?

개막식 • • 일정 기간 동안 행사를 치르고 난 뒤
그것을 끝맺기 위하여 맨 마지막으로 하는 의식

폐막식 • • 일정 기간 동안 계속되는 행사를
처음 시작할 때 행하는 의식

3 단위

◆ 대상에 따라 수를 세는 단위가 달라져.
오른쪽 보기에서 알맞은 단위를 찾아서 적어볼래?

보기: 포기 마리 대 그루 명 척 점

- 배 한 ☐
- 차 두 ☐
- 옷 두 ☐
- 사람 한 ☐
- 개미 두 ☐
- 배추 세 ☐
- 나무 두 ☐

4 디자인

◆ '디자인'이란 의상이나 제품, 건축물 등을 목적을 가지고 설계하거나 도안을 그리는 걸 말해. 실제 결과물을 말할 때도 사용해.

| d | e | s | i | g | n |

오른쪽 사진 속 옷은 한복근무복이야.
관광 관련 호텔, 주방, 교통기관 등에서 일하는 사람들을 위해 디자인된 거래.
한복의 아름다움을 선보이면서도 편하게 일할 수 있도록 만든 거지.

써보기

단어장

개막식
開 열 개 幕 장막 막 式 법 식
일정 기간 동안 계속되는 행사를 처음 시작할 때 행하는 의식 (반대말 : 폐막식)

논란
論 논할 론(논) 難 어려울 난
여럿이 서로 다른 주장을 내며 다툼

고유
固 굳을 고 有 있을 유
본래부터 가지고 있는 특유한 것

논쟁
論 논할 론(논) 爭 다툴 쟁
서로 다른 의견을 가진 사람들이 각각 자기의 주장을 말이나 글로 논하여 다툼

도입
導 인도할 도 入 들 입
기술, 방법, 물자 등을 끌어 들임

계기
契 맺을 계 機 틀 기
어떤 일이 일어나거나 변화하도록 만드는 결정적인 원인이나 기회

 이번 뉴스는 어떤 내용을 담고 있니? 짧게 써볼래?

중국 베이징 올림픽 개막식에서 왜 '한복 논쟁'이 일어났을까?

한복교복을 입고 매일 학교에 간다면 어떤 기분일까?

네가 입고 싶은 한복을 디자인해볼래?

더 알아보기

Book

◇ **올림픽, 어디까지 아니?**

김윤정 글 | 이수영 그림 | 고래가숨쉬는도서관 | 136쪽 | 12,000원

4년마다 열리는 전 세계 최대 규모의 종합 스포츠 축제, 올림픽의 모든 것을 이야기하는 책이야.

Video

◇ **댕기 머리에 한복? 논란되는 베이징 동계올림픽 개막식 현장**

2022년 베이징 동계올림픽 개막식 때 논란이 되었던 소수민족 한복에 대한 영상이야.

◇ **한복 입고 일하다, 관광숙박업 한복근무복**

기사에 언급된 전시회 모습을 담은 영상이야. 다양한 한복근무복 디자인을 볼 수 있을 거야.

날짜   년   월   일

2. 봄꽃 피는 순서가 달라졌어요

개나리, 진달래처럼 봄에 피는 꽃의 개화 시기가 점점 앞당겨지고 있습니다. 기상청 발표에 따르면 2023년 봄꽃의 평균 개화 시기가 1980년대에 비해 짧게는 3일, 길게는 18일까지 빨라졌다고 합니다. 매화의 경우 4월 2일에서 3월 15일로, 벚꽃은 4월 8일에서 4월 2일로, 개나리는 3월 28일에서 3월 25일로, 진달래는 3월 31일에서 3월 23일로 개화 시기가 앞당겨졌습니다.

이처럼 봄꽃이 빨리 피게 된 것은 2~3월의 평균 기온이 최근 10년 간 4.2도나 상승했기 때문입니다. 또, 지난 수백 년 동안 봄꽃은 매화, 개나리, 진달래, 벚꽃, 철쭉 순으로 피었지만 최근에는 봄꽃들이 거의 동시다발적으로 피어납니다. 보통 식물들은 각각 꽃망울을 터트리는 온도가 다른데, 이상고온현상 때문에 개화 시기가 겹치는 것입니다.

이렇게 봄꽃 개화 시기가 달라지면 생태계도 혼란을 겪게 됩니다. 봄에 꽃이 피면 꿀벌은 꽃의 수술에 있는 꽃가루를 암술로 옮겨 열매를 맺도록 합니다. 그런데 기온이 높아져 꽃이 일찍 피면, 꿀벌들은 계절을 착각해 밖으로 활동하러 나갔다가 얼어 죽게 됩니다. 꿀벌의 수가 줄어드는 이유 중 하나입니다.

ⓒ pixabay

모르는 낱말 적기   활동을 끝낸 뒤, 알게 된 낱말에 ○표 해보자!

✧ 소리내어 읽었나요? ✓

쉬움 ⟵⟶ 어려움

 # 배우기

1 봄꽃

◇ 봄꽃은 이름 그대로 봄에 피는 꽃을 일컫는 말이야.
봄꽃 사진과 이름을 각각 알맞게 이어볼래? (20쪽에 힌트가 있어!)

 • • 개나리

 • • 벚꽃

 • • 매화

 • • 철쭉

 • • 진달래

2 개화

開	花
열 개	꽃 화

◇ 한자의 뜻을 보고 '개화 시기'가 무슨 말인지 짐작해볼래?

⇨ [   ]

3 동시다발

◆ 같은 시간 동안 여러 가지 일이 일어나는 걸 '동시다발'이라고 해.

◆ 네가 밥을 먹고 있을 때
또 어떤 일들을 동시다발적으로
할 수 있을지 생각해볼래?

⇨ [   ]

4 수술/암술

◆ 꽃 속에 들어 있는 암술과 수술은 식물이 대를 이어 가기 위해 씨를 만들 때 중요한 역할을 해. 수술에서 만들어진 꽃가루는 바람, 곤충, 물 등을 통해 암술머리로 이동하고, 꽃가루가 암술머리에 붙게 돼. 이걸 꽃가루받이라고 해. 그리고 꽃가루관 속의 정자와 밑씨에 들어 있는 난자 1개와 만나는데 이걸 '수정'이라고 한단다. 수정이 이루어지면 암술 속 씨방에서 밑씨가 자라 드디어 씨가 만들어지는 거야.

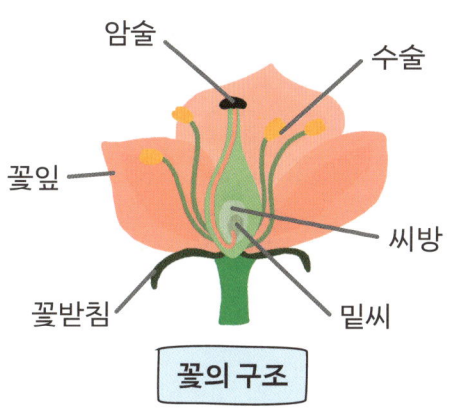

꽃의 구조

◆ 꽃을 구성하는 여러 부분들은 각각 하는 일이 있단다.
설명을 읽고 위 그림에서 그 대상을 찾아서 적어볼까?

- 씨를 만드는 [암][ ]
- 밑씨를 품고 있는 [씨][ ]
- 꽃가루를 만드는 [수][ ]
- 꽃과 씨방을 보호해주는 [꽃][ ][ ]
- 암술과 수술을 보호해주는 [꽃][ ]

써보기

단어장

시기
時 때 시 機 틀 기
적당한 때나 기회

평균
平 평평할 평 均 고를 균
여러 사물의 질이나 양 등을 통일적으로 고르게 한 것

상승
上 위 상 昇 오를 승
낮은 데서 위로 올라감

꽃망울
아직 피지 않은 어린 꽃봉오리

이상고온현상
異 다를 이 常 항상 상 高 높을 고 溫 따뜻할 온
現 나타날 현 像 모양 상
정상적인 온도에서 벗어나 온도가 높아지는 현상

생태계
生 날 생 態 모양 태 系 이을 계
생물이 살아가는 세계

 이번 뉴스는 어떤 내용을 담고 있니? 짧게 써볼래?

2023년에 봄꽃이 핀 시기를 쓰고, 1980년도에 비해 며칠씩 당겨진 건지 계산해보자~

매화	4월 2일	⇒	월 일	_____ 일 당겨짐
개나리	3월 28일	⇒	월 일	_____ 일 당겨짐
진달래	3월 31일	⇒	월 일	_____ 일 당겨짐
벚꽃	4월 8일	⇒	월 일	_____ 일 당겨짐

꽃 피는 시기가 달라진 걸 안 꿀벌들은 어떤 생각을 할까?

가족 중 한 명을 골라 '봄꽃 인터뷰'를 해보자.
봄꽃 중에 가장 좋아하는 꽃과 그 이유에 대해 물어본 뒤 아래에 정리해볼래?

인터뷰 대상

좋아하는 봄꽃

그 이유

더 알아보기

Tip

✧ 헷갈리는 꽃 구별하기

- 진달래와 철쭉을 구분하는 방법을 알려준 기사야.
  (철쭉에는 '적갈색 반점'이 있대.)

- 벚꽃과 매화를 구분하는 방법을 알려준 기사야.
  (매화의 꽃잎은 매끈한 둥근 모양이지만, 벚꽃은 꽃잎 끝이 살짝 파여 있대.)

Video

✧ '봄꽃 개화 기준은?' 봄맞이 꽃 TMI 대.방.출

 서울기상관측소에 찾아가서 개화 시기에 대한 여러 이야기를 들려주는 영상이야. '표준목'이 무엇인지도 알 수 있을 거야.

✧ 봄꽃 종류 알아두면 쓸모있는 매화, 산수유, 개나리 소개

 봄이 온다는 소식을 알려주는 봄꽃, 그 중에서도 매화, 산수유, 개나리에 대한 이야기를 담은 영상이야.

날짜   년   월   일

3 마르시칸 불곰을 구해줘요

마르시칸 불곰(Marsican brown bear)은 이탈리아 아펜니노산맥에 사는 불곰의 일종입니다. 현재 이들의 생태계는 위기에 처해 있습니다. 개체 수가 점점 줄어 겨우 50여 마리만 남아 있기 때문입니다. 이탈리아의 한 동물보호단체는 아무런 보호 조치 없이 이런 상황이 지속된다면 마르시칸 불곰은 30년 내에 완전히 멸종된다고 경고했습니다.

마르시칸 불곰을 위협하는 것 중 하나는 고속도로입니다. 숲을 가로지르는 도로가 확장되면서 길을 건너던 곰이 차에 치여 죽는 것입니다. 사냥꾼들의 밀렵 행위와 부족한 먹이도 문제입니다. 먹이를 구하지 못한 불곰이 근처 농가와 목장에 나타나면서 주민들이 피해를 입기도 합니다.

마르시칸 불곰의 멸종을 막기 위해서는 곰들이 무사히 도로를 건널 수 있는 생태 통로가 필요합니다. 생태 통로는 야생동물이 도로로 내려오지 않고도 안전하게 길 건너편으로 이동할 수 있는 육교입니다. 또한 농가와 목장으로 침입하지 못하게 막는 울타리도 세워야 합니다. 이탈리아는 마르시칸 불곰을 보호 대상으로 지정하여 개체 수를 유지하기 위해 노력 중입니다.

© WWF Abruzzo 공식 페이스북

모르는 낱말 적기 활동을 끝낸 뒤, 알게 된 낱말에 ○표 해보자!

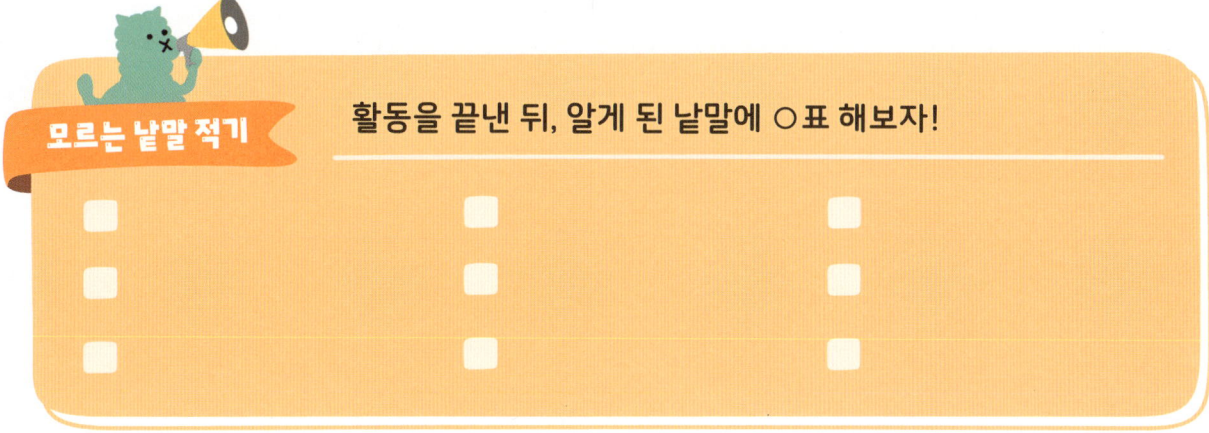

◆ 소리내어 읽었나요? ✓   쉬움 ←→ 어려움

배우기

1 이탈리아 아펜니노산맥

◆ 산맥은 산봉우리들이 길게 연속적으로 이어진 걸 말해.
이탈리아 반도의 북서쪽에서 남동쪽으로 쭉 뻗은 산맥이 바로 아펜니노산맥이야.

◆ 아펜니노산맥을 검색해보고,
오른쪽 이탈리아 지도에 한번 그려볼래?
아펜니노산맥은 북서쪽에서 남동쪽으로
쭉 뻗어 있다는 거 잊지마.

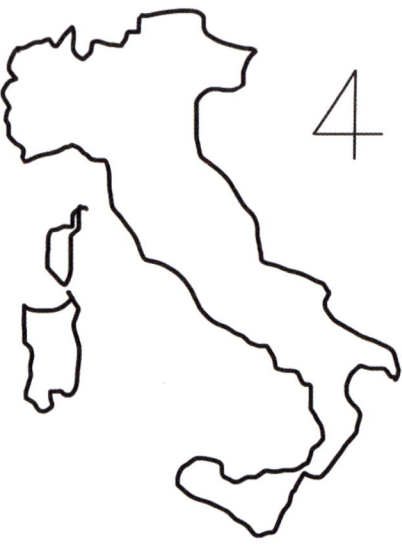

2 여

◆ '여'는 수를 나타내는 말과 함께 사용해. '그 수를 넘는다'라는 뜻이 있어.
다음 중 '50여 마리'라고 말할 수 있는 걸 모두 골라 색칠해보자.

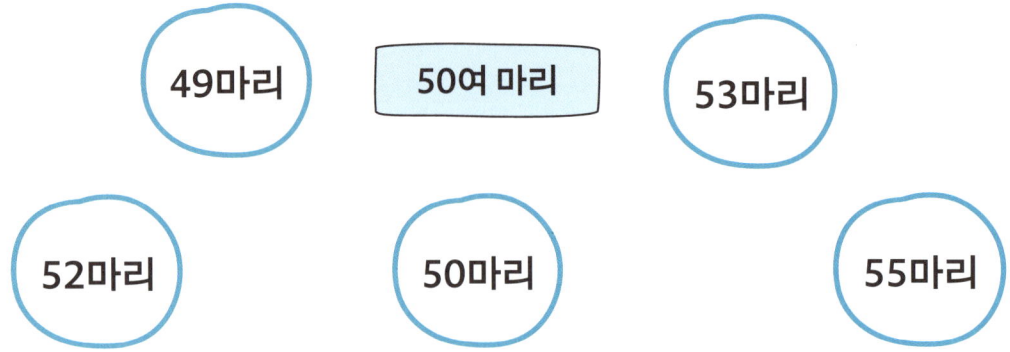

3 위협

위엄 위 / 위협할 협

◆ 힘으로 겁을 주고 협박하는 행동을 '위협'이라고 말해.

◆ 혹시 너를 위협하는 사람이 있어? ⇨ ☐
  그 사람은 누구야?

◆ 아래 숫자 퀴즈를 준비했어.
  동그라미 안 숫자에 2를 곱해서 나오는 숫자를 따라가면 돼.
  잘 따라갔다면 '위협'과 비슷한 뜻을 가진 낱말 다섯 개를 더 찾을 수 있을 거야!

출발 ⬇

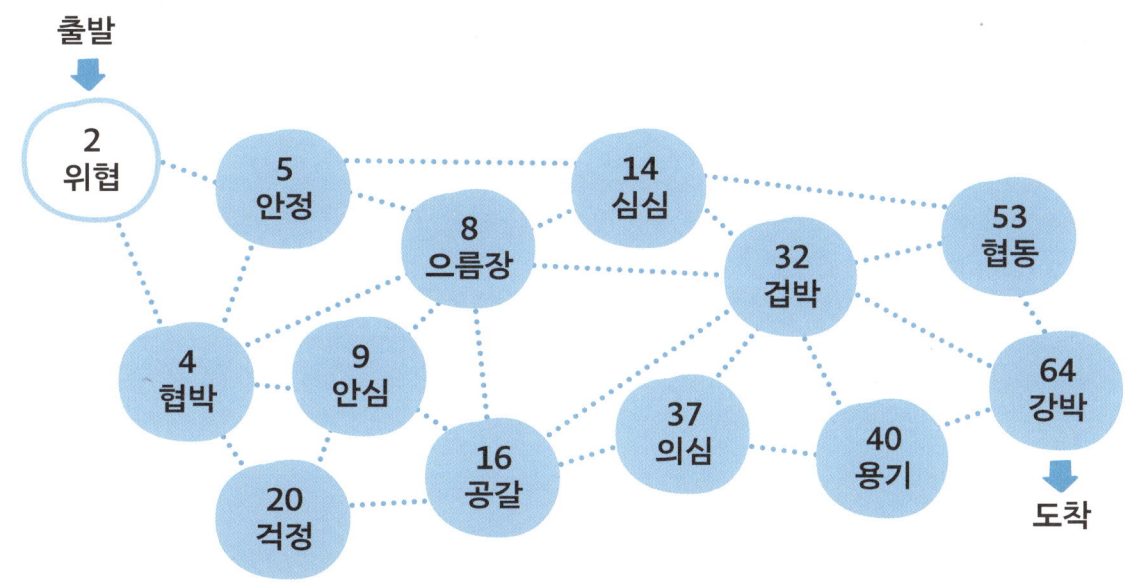

4 생태 통로

◆ 야생동물이 원래 자유롭게 다니던 길에 도로나 철도가 만들어져 길이 가로막히는 일이 있어. '생태 통로'는 동물들이 다시 자유롭게 이동할 수 있도록 만든 길이야.

써보기

단어장

일종
一 한 일 種 씨 종
한 종류

개체
個 낱 개 體 몸 체
집단을 구성하는 하나하나의 낱개를 이르는 말

밀렵
密 빽빽할 밀 獵 사냥할 렵
허가를 받지 않고 몰래 사냥함

행위
行 다닐 행 爲 할 위
사람이 의지를 가지고 하는 짓

농가
農 농사 농 家 집 가
농사를 본업으로 하는 사람의 집

지정
指 가리킬 지 定 정할 정
가리켜 확실하게 정함

 이번 뉴스는 어떤 내용을 담고 있니? 짧게 써볼래?

마르시칸 불곰은 왜
멸종 위기에 처했을까?

마르시칸 불곰이 고속도로를 건널 때
무슨 생각을 할까?

마르시칸 불곰을
지키기 위한 방법은
무엇일까?

더 알아보기

Tip

◇ 아펜니노산맥

아펜니노산맥은 이탈리아 북서쪽에서 남동쪽으로 쭉 이어져 있어.

ⓒ Physicalmap

Book

◇ 생태 통로

김황 글 | 안은진 그림 | 논장 | 40쪽 | 14,000원

인간과 동물의 평화로운 공존 방법 중 하나인 생태 통로, 즉 '동물의 길'에 대해서 다룬 그림책이야.

Video

◇ 반달가슴곰·멧돼지도 어슬렁… 생태 통로 이용 부쩍 늘어

무인 카메라 관찰로 확인한 생태 통로를 이용하는 야생동물 모습을 볼 수 있는 영상이야.

고기 없는 고기 햄버거

날짜   년   월   일

롯데리아에서는 '고기 없는 고기 햄버거'를 주문할 수 있습니다. 콩 단백질로 만든 대체육을 넣은 햄버거입니다. 미니스톱 편의점에서는 식물성 대체육이 들어간 '고기 없는 삼각 김밥'을 출시하기도 했습니다.

대체육은 콩이나 버섯, 두부, 양파 등 식물성 원료를 가공해 고기와 같은 질감과 맛을 내는 식품입니다. 최근에는 대체육으로 만든 샌드위치용 햄, 함박스테이크 등도 어렵지 않게 찾아볼 수 있습니다.

한국농수산식품유통공사는 전 세계적으로 대체육 시장 규모가 2021년 54억 달러에서 2025년 약 71억 달러로 성장할 것이라고 추산했습니다. 국내 대체육 시장도 2023년에 약 252억 원 규모였던 것에서 2025년 295억 원 규모로 커질 전망입니다.

대체육을 찾는 소비자가 점점 늘고 대체육 시장이 성장하고 있는 이유는 크게 두 가지입니다. 첫째, 고기를 얻기 위해 기르는 가축들이 소비하는 사료와 목초의 양이 많습니다. 또 그 과정에서 배출되는 온실가스가 환경을 파괴합니다. 둘째, 좁은 공간에서 동물을 키우는 '공장식' 사육 방식이 비윤리적이라는 비난을 받기 때문입니다.

© 롯데리아 인스타그램

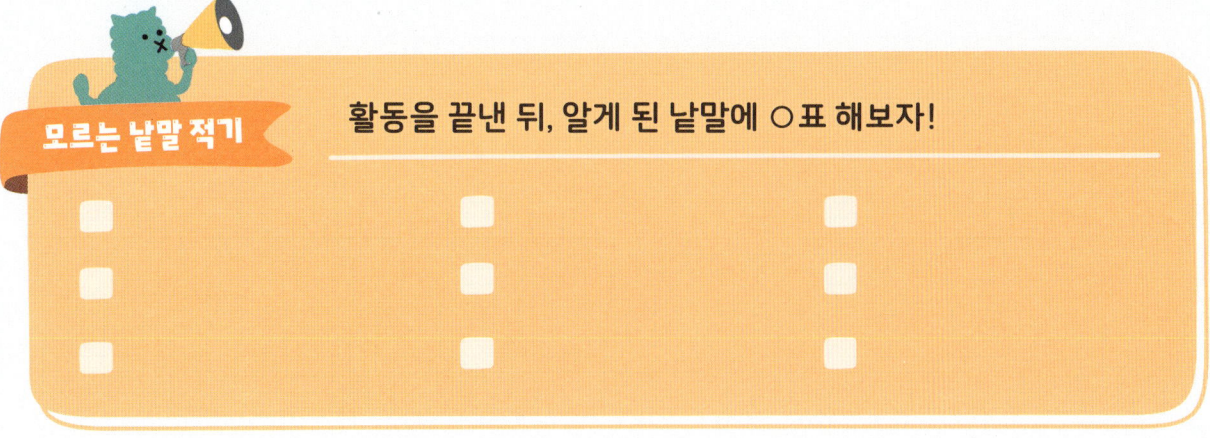

모르는 낱말 적기

활동을 끝낸 뒤, 알게 된 낱말에 ○표 해보자!

✧ 소리내어 읽었나요? ✓   쉬움 ←→ 어려움

배우기

1 대체육

✦ 식물성 원료를 가공해 소고기, 돼지고기와 같은 질감과 맛을 내는 식품을 '대체육'이라고 해.

代	替	肉
대신할 대	바꿀 체	고기 육

✦ '대체'는 다른 것으로 대신한다는 뜻을 가지고 있거든.
그러니 대체육은 '고기를 대신하는 것'이라는 뜻이 되는 거지.

2 돈의 단위

✦ 돈의 단위는 오른쪽 끝에서 시작돼.
그 자리에 숫자가 있으면 단위와 합쳐 금액을 말하면 된단다.

십조	조	천억	백억	십억	억	천만	백만	십만	만	천	백	십	일

✦ 그렇다면 6조 7천억 원은 어떻게 쓰면 될까? 아래 칸에 숫자를 써볼래?

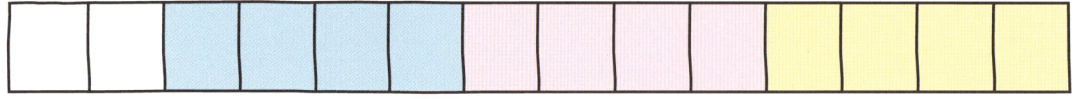

✦ 그리고 9,385,680원은 어떻게 읽을까?

⇨

3 질감

✧ 재질에 따라 받는 느낌을 '질감'이라고 해.
아래 사진을 보고 만졌을 때의 느낌을 상상해서 써봐.

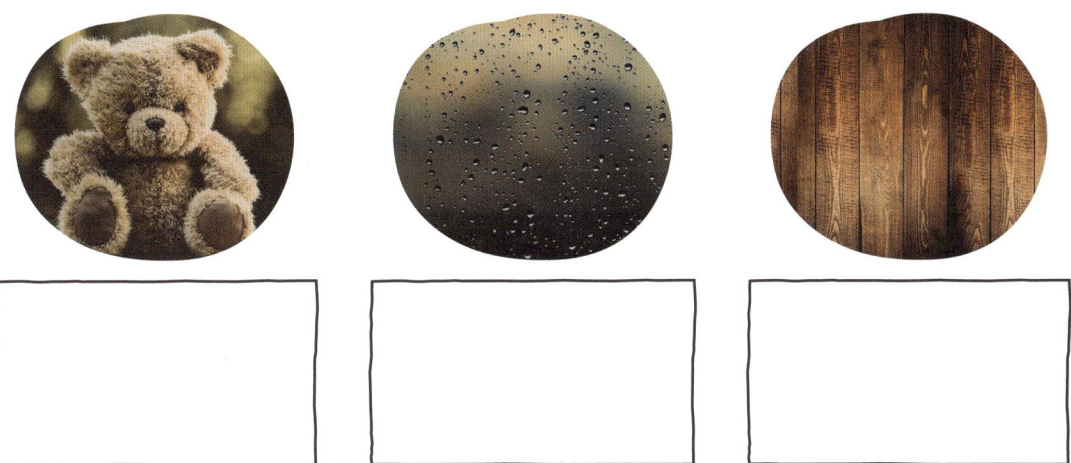

4 축산업

✧ 가축을 기르고 가축에서 나오는 물건을 가공하는 산업을 '축산업'이라고 해. 가축의 종류에는 돼지, 소, 닭 등이 있어.

✧ 전 세계에서 배출되는 온실가스의 약 18%가 축산업에서 비롯된다고 해.
아래 표에 18%를 표시해볼래?

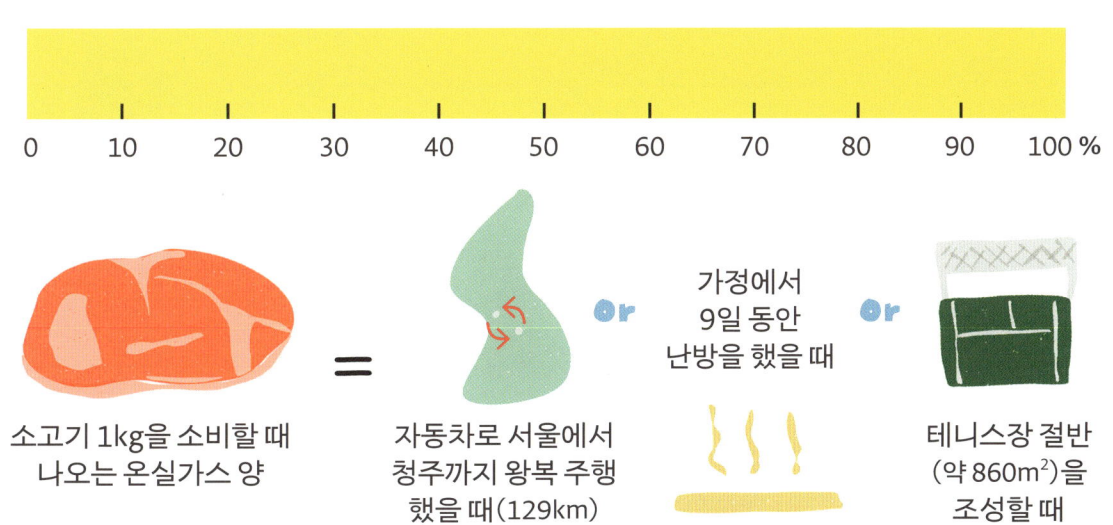

소고기 1kg을 소비할 때 나오는 온실가스 양

= 자동차로 서울에서 청주까지 왕복 주행 했을 때(129km)

or 가정에서 9일 동안 난방을 했을 때

or 테니스장 절반 (약 860m²)을 조성할 때

써보기

단어장

원료
原 근원 원 料 헤아릴 료
어떤 물건을 만드는 데 들어가는 재료

가공
加 더할 가 工 장인 공
원래 있던 재료를 인공적으로 처리해서 새로운 제품을 만들거나 제품의 질을 높임

추산
推 밀 추 算 셈 산
짐작하면서 미루어 셈함

목초
牧 칠 목 草 풀 초
말이나 소에게 먹이는 풀

사육
飼 먹일 사 育 기를 육
어린 가축이나 짐승이 자라도록 먹여 기름

비윤리적
非 아닐 비 倫 인륜 륜(윤) 理 다스릴 리 的 과녁 적
사람으로서 마땅히 행하거나 지켜야 할 도리를 따르지 않는 것

 이번 뉴스는 어떤 내용을 담고 있니? 짧게 써볼래?

식물성 대체육에는 어떤 재료가 들어갈까?
다음 그림에서 모두 찾아 O표 해볼래?

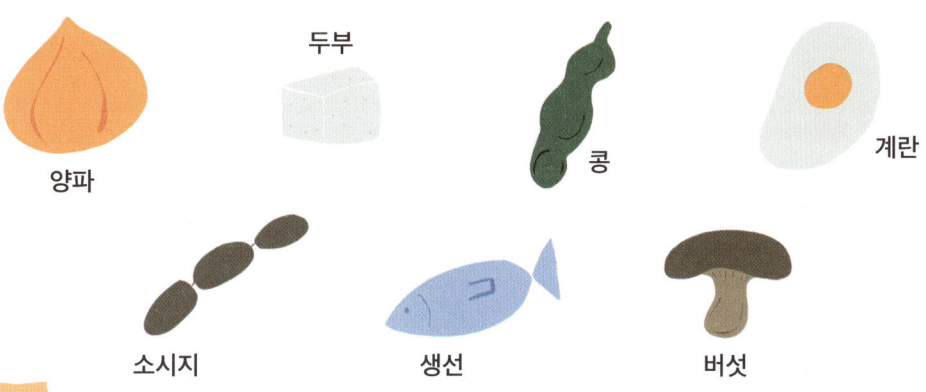

양파　두부　콩　계란
소시지　생선　버섯

사람들이 점점 더 식물성 대체육을
소비하는 이유는 뭘까?

너는 식물성 대체육으로
어떤 음식을 만들고 싶니?

더 알아보기

Book

◇ **한봉지 작가가 들려주는 소 방귀의 비밀**

한봉지 글 | 소복이 그림 | 리잼 | 52쪽 | 12,000원

육식을 조금만 줄이면 메탄가스의 양을 줄일 수 있다는 이야기를 재밌게 풀어주는 책이야.

Video

◇ **소와 돼지는 어쩌다 온실가스의 주범이 되었을까?**

과연 축산업은 정말 지구 온난화의 주범인지 알려주는 영상이야.

◇ **우리가 지구 온난화의 주범이라고?**

소가 배출하는 메탄가스에 대해 잘 설명한 영상이야.

| 날짜 | 년 | 월 | 일 |

5 백두산, 화산 폭발할까?

2022년 1월 15일 남태평양의 통가라는 섬나라에서 해저 화산이 폭발했습니다. 폭발 당시 화산재와 화산가스가 만들어낸 구름 기둥은 지상 20km까지 치솟았습니다. 태평양 연안에는 쓰나미가 발생했으며, 주변 여러 곳에서 지진도 감지되었습니다. 화산재 때문에 섬 해안과 주택 등은 잿빛으로 뒤덮였습니다. 통가 주민 10만 명 중 8만 명이 피해를 입었습니다.

연구자들은 우리나라도 안전지대가 아니라고 말합니다. 백두산도 폭발할 가능성이 있기 때문입니다. 백두산은 1925년 이후 폭발하지 않았지만, 땅 속 약 4km와 15km에 마그마방(땅 속에 마그마가 모여 있는 공간)이 있어서 폭발할 위험이 있습니다. 게다가 백두산은 천년 주기로 폭발한다는 이야기도 있습니다.

백두산이 폭발하면 용암과 물 20억 톤, 그리고 퇴적물이 쏟아지게 됩니다. 엄청난 양의 화산재와 몸에 위험한 가스도 분출됩니다. 이렇게 되면 화산 근처 수백 킬로미터까지는 낮이 사라지고 기온이 최대 2도까지 떨어질 것이라는 예측도 있습니다.

ⓒNASA

모르는 낱말 적기   활동을 끝낸 뒤, 알게 된 낱말에 ○표 해보자!

✧ 소리내어 읽었나요? ✓   쉬움 ←→ 어려움

배우기

1 통가

♦ '통가'는 남태평양에 있는 섬나라야. 수도는 '누쿠알로파'이고, 170여 개 섬 중에서 36개 섬에만 사람이 살고 있어. 통가 국기를 검색해서 색칠해볼래?

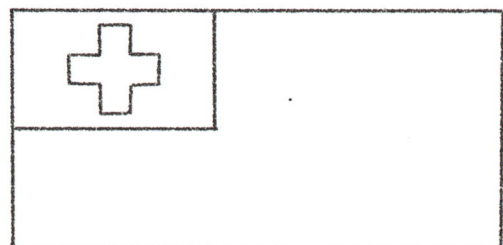

♦ 통가에 있는 '홍가통가섬'의 모습이야. 각각 화산 폭발이 일어나기 전과 후에 같은 각도에서 찍은 사진이지. 왼쪽 사진 속 섬의 모습을 오른쪽 사진 위에 그대로 그려볼래?

 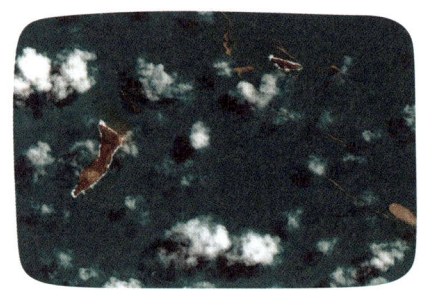

2 주기

♦ 올해 너의 생일은 언제야? ⇨ [　년　월　일]

♦ 다음 생일은 언제야? ⇨ [　년　월　일]

週期
돌 주 / 기약할 기

이렇게 생일처럼 같은 현상이나 특징이 한 번 나타나고부터 다음에 되풀이되기까지의 기간을 '주기'라고 말해.

♦ 천 년 주기로 화산이 폭발할 가능성이 있다는 백두산은 946년에 대폭발을 한 적이 있대. 백두산의 다음 폭발은 몇 년도에 일어났을까? ⇨ [　　　]

3 지상/지하

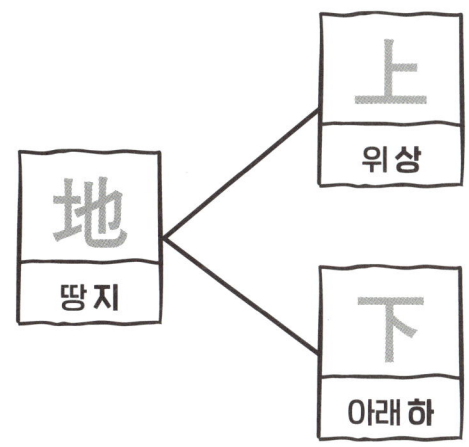

✧ 다음 내용을 읽고 구름 기둥과 마그마방을 각각 그림으로 그려볼래?

구름 기둥은
지상 20km까지 치솟았다.

백두산 지하에는
약 4km와 15km에 마그마방이 있어서
폭발할 위험이 있다.

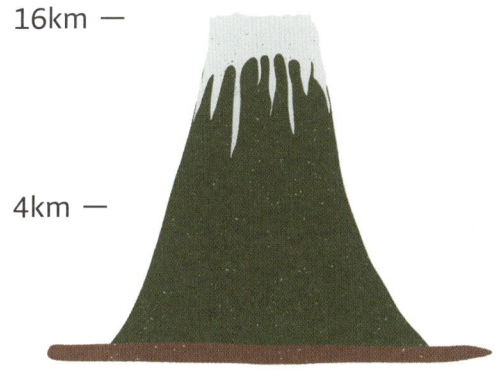

20km —

10km —

0km —

16km —

4km —

4km —

16km —

써보기

단어장

연안
沿 물 따라갈 연 岸 언덕 안
강이나 호수, 바다를 따라 잇닿아 있는 육지

쓰나미
tsunami
지진이나 화산 폭발로 발생하는 해일
(해일 : 바닷물이 크게 일어서 육지로 넘치는 현상)

감지
感 느낄 감 知 알 지
느끼어 앎

잿빛
재의 빛깔과 같이 흰빛을 띤 검은빛

불에 타고 남는 가루 모양의 물질을 '재'라고 함

퇴적물
堆 쌓을 퇴 積 쌓을 적 物 물건 물
많이 덮쳐 쌓인 물건

분출
噴 뿜을 분 出 날 출
액체나 기체 상태의 물질이 솟구쳐서 뿜어져 나옴

 이번 뉴스는 어떤 내용을 담고 있니? 짧게 써볼래?

화산 폭발 때문에 통가에 큰 피해가 있었지.
통가 사람들에게 위로의 말을 전해줄래?

백두산이 폭발하면
어떤 일들이 생기는 거야?

화산 폭발을 막을 수 있는 방법이 있을까?
그 방법을 상상해서 써볼래?

더 알아보기

Tip

✧ 화산의 구조

(화산가스, 화구, 용암, 화산재, 마그마)

Video

✧ 통가 해저화산 폭발, 태평양 모든 대륙을 뒤흔들었다!

통가 화산 폭발 관련 영상이야. 폭발 장면을 아주 생생하게 볼 수 있어.

✧ 백두산이 곧 폭발할 수도 있다고?

백두산의 화산 폭발 가능성에 대해 잘 설명한 영상이야.

사라진 꿀벌들은 어디로 갔을까?

최근 우리나라에서 꿀벌을 키우는 농부들이 깊은 시름에 잠겨 있습니다. 봄이 되면 꿀벌들은 산과 들에 핀 꽃에서 꿀을 모아 벌통에 저장합니다. 그런데 벌꿀을 모으는 양봉 농가에서 기르는 꿀벌들이 계속해서 실종되고 있습니다. 2021년 겨울에는 꿀벌 78억 마리가 갑자기 사라졌고, 2023년에는 무려 200억 마리가 넘는 꿀벌이 자취를 감추었습니다. 농촌진흥청은 꿀벌들의 실종이 이상기후 때문이라고 말했습니다. 잦은 비와 강풍, 저온 현상은 꽃이 제대로 필 수 없게 합니다. 꽃 크기가 절반 수준으로 작아지면 꿀벌들은 꿀을 충분히 먹을 수 없고, 그 결과 면역력이 떨어집니다. 또한, 이상고온현상으로 예년보다 평균 기온이 올라간 11~12월에 봄이 왔다고 착각해 밖으로 나간 꿀벌들이 얼어 죽는 일도 있습니다.

유엔 식량농업기구(FAO)에 따르면, 세계 100대 농작물의 71퍼센트가 꿀벌 덕분에 생산될 수 있다고 합니다. 꿀벌이 꽃가루를 수정해주어야 과일과 채소가 열매를 맺을 수 있기 때문입니다. 이는 곧, 꿀벌이 모두 사라지면 인류도 살아가기 힘들지도 모른다는 뜻입니다.

ⓒ 농촌진흥청

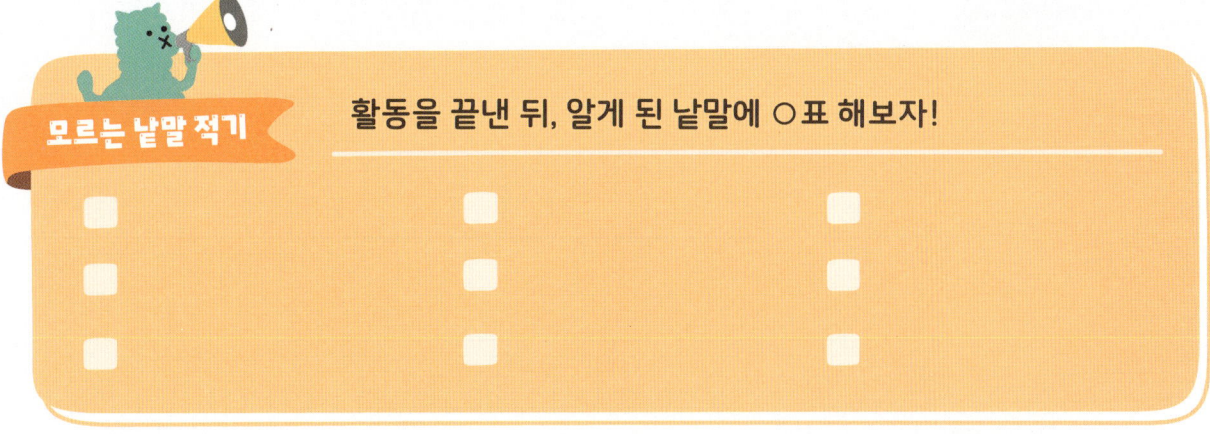

모르는 낱말 적기

활동을 끝낸 뒤, 알게 된 낱말에 ○표 해보자!

✧ 소리내어 읽었나요? ☑

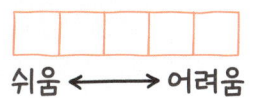

쉬움 ⟷ 어려움

배우기

1 시름

◇ 마음에 걸려 풀리지 않고 항상 남아 있는 근심과 걱정을 '시름'이라고 해.

◇ 현재 너에게 시름인 일이 있니?

⇨

2 고/저

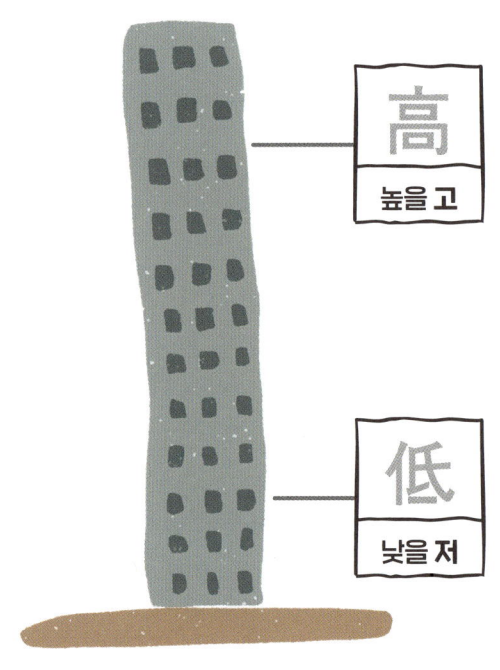

◇ '고'는 '높다'는 뜻을 가진 한자고, '저'는 '낮다'는 뜻을 가진 한자야. 그렇다면 빈칸에 어떤 낱말을 넣어야 할까?

높은 층	⇨	☐ 층
낮은 층	⇨	☐ 층
높은 온도	⇨	☐ 온
낮은 온도	⇨	☐ 온

3 벌통

✧ 2021년 겨울에는 전국적으로
꿀벌 78억 마리가 사라졌대.
벌통 1개당 약 2만 마리의 벌이 산다고 해.

✧ 꿀벌 78억 마리가 사라졌다면
벌통 몇 개가 사라진 셈일까?

벌 2만 마리

벌통 1개

| 2 | 0 | 0 | 0 | 0 | | | | | | 2만 |

| 7 | 8 | 0 | 0 | 0 | 0 | 0 | 0 | 0 | 0 | 78억 |

⇨ ☐ 개

4 초성 퀴즈

✧ 다음은 본문에 나오는 낱말들의 초성이야. 힌트와 초성을 보고 낱말을 완성해볼래?

ㅁ ㅇ ㄹ

외부에서 들어오는
병원균을 물리치려는 힘
⇨ ☐

ㅅ ㅈ

어디에 있는지, 죽었는지 살았는지
알 수 없는 상태
⇨ ☐

ㄱ ㅍ

강하게 부는 바람
⇨ ☐

써보기

단어장

양봉
養 기를 양 蜂 벌 봉
꿀을 얻기 위해 기르는 벌

예년
例 법식 례(예) 年 해 년
보통의 해

수정
受 받을 수 精 정할 정
암수의 생식세포가 하나로 합쳐지는 현상

자취
어떤 것이 남긴 표시나 자리

유엔 식량농업기구(FAO)
인류의 생활 및 영양 수준 개선, 식량 생산 및 분배 효율성 개선, 세계 경제 발전과 인류 기아 퇴치 등에 기여하는 목적으로 만들어진 기구

✏️ **이번 뉴스는 어떤 내용을 담고 있니? 짧게 써볼래?**

꿀벌이 갑자기
사라진 이유는 뭘까?

지구에서 꿀벌이
모두 사라진다면
어떤 일이 벌어질까?
상상해서 써봐.

꿀벌이 다시 많아지게 하려면
어떤 방법을 써야 할까?
자유롭게 생각해서 적어볼래?

더 알아보기

Tip

◇ **꿀벌의 활동**

다음은 꿀벌의 활동을 설명한 그림이야. 색칠을 하면서 꿀벌의 역할에 대해서 생각해보자!

땅에 떨어진 씨앗이 새싹으로 자라.

꿀벌들은 열매가 맺을 수 있도록 꽃가루를 옮겨.

자라서 꽃이 피고 열매를 맺지.

열매가 떨어져 씨앗이 돼.

Video

◇ **꿀벌 사라지면 인류 멸종하는데… 해남 꿀벌 실종 원인 밝혀졌다**

꿀벌이 사라진 이야기를 담은 영상이야.

◇ **꿀벌이 사라진다면 어떻게 될까**

꿀벌이 사라지면 어떤 일이 벌어질지 그 이야기를 담은 영상이야.

선인장으로 지갑을 만들었다고?

해마다 전 세계에서 약 1,500억 벌의 옷이 만들어집니다. 전 세계 인구가 80억을 넘으니 한 사람을 위해 약 18벌 정도의 옷이 만들어지는 것입니다. 하지만 이 중 70퍼센트 이상의 옷은 팔리지 않습니다. 이런 상황에서 의류 제조업체들은 친환경 소재로 옷을 만드는 데에 힘쓰고 있습니다. 지구 온난화의 주범인 탄소 배출량의 약 10퍼센트가 옷을 만들 때 발생하기 때문입니다.

옷뿐만 아니라 지갑도 친환경 소재로 만들기 시작했습니다. 강원대학교 학생들로 구성된 '앰퍼샌드'라는 회사는 선인장 소재의 가죽 지갑을 만들어 출시했습니다. 멕시코 친환경 가죽 기업의 선인장 원단으로 만든 제품입니다. 선인장으로 만든 지갑은 가죽을 얻기 위해 동물을 도축하지 않아도 되고, 사용 후 버리더라도 자연 상태에서 서서히 분해되기 때문에 환경오염도 일으키지 않습니다.

선인장 이외에도 사과나 오렌지, 파인애플 껍질, 버섯 뿌리 등을 이용해 옷이나 가방 등을 만들기도 합니다. 나무를 원료로 만든 가죽 구두나 운동화도 있습니다. 이렇게 친환경 소재 의류나 가방, 신발은 동물을 보호하고 환경을 지키는 '일석이조'의 효과를 거두고 있습니다.

ⓒ 앰퍼샌드

모르는 낱말 적기

활동을 끝낸 뒤, 알게 된 낱말에 ○표 해보자!

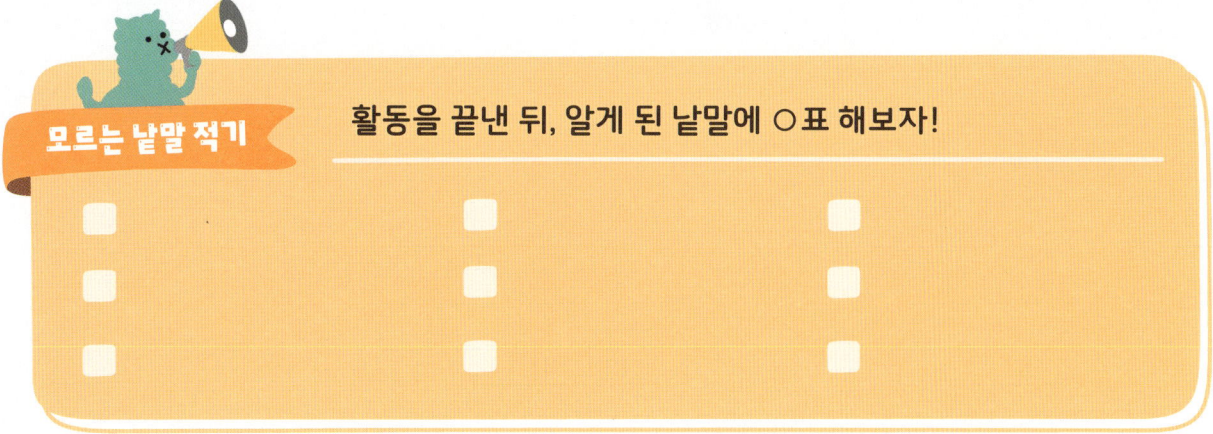

◇ 소리내어 읽었나요? ✓

쉬움 ←→ 어려움

배우기

1 약

✧ '약'은 '대략'이라는 뜻으로 그 수량에 가까운 정도임을 나타내는 말이야.

> 약 20벌 정도의 옷

위의 표현처럼 말할 수 있는 걸 아래에서 찾아 ○표 해볼래?

옷 1벌   옷 19벌   옷 100벌

2 선인장

✧ '선인장'은 다육식물의 일종이야. '다육식물'은 건조한 환경에 견디기 위해 잎이나 줄기 속에 많은 수분을 가지고 있는 식물이지.

선인장의 종류는 매우 다양해. 한번 예쁘게 색칠해볼래?

3 친환경

✧ '친환경'은 자연환경을 오염시키지 않고 자연 그대로의 환경과 잘 어울리는 것을 말해.
아래 내용 중 '친환경'이라고 생각하는 것에 ○표 해볼래?

 물을 오염시키지 않는 비누 ☐

 매연이 없는 전기 자동차 ☐

 땅에 묻으면 분해가 안 되는 비닐 ☐

 플라스틱 빨대가 아닌 종이 빨대 ☐

 커피를 담아주는 플라스틱 컵 ☐

4 일석이조

✧ '일석이조'는 돌 한 개를 던져 새 두 마리를 잡는다는 뜻이야.
동시에 두 가지 일에 대해 이득을 본다는 의미가 있지.

아래 한자를 보고 '일석이조'라는
말에 들어갈 한자를 모두 찾아 ○표 해봐.
그리고 아래에 써보자!

一	二	三	四	五	夕	石	朝	鳥
한일	두이	석삼	넉사	다섯오	저녁석	돌석	아침조	새조

일석이조 ⇨ ☐ ☐ ☐ ☐

써보기

단어장

주범
主 주인 주 犯 범할 범
어떤 일에 대해 좋지 않은 결과를 만드는 주된 원인

배출량
排 밀칠 배 出 날 출 量 헤아릴 량
어떤 물질을 안에서 밖으로 내보내는 양

출시
出 날 출 市 저자 시
상품이 나옴

도축
屠 죽일 도 畜 짐승 축
고기를 얻기 위해 가축을 잡아 죽임

분해
分 나눌 분 解 풀 해
모여 있는 것을 낱개로 나눔

원료
原 근원 원 料 헤아릴 료
어떤 물건을 만드는 데 들어가는 재료

 이번 뉴스는 어떤 내용을 담고 있니? 짧게 써볼래?

너는 옷을 몇 벌 정도 가지고 있어? 그 중에 안 입는 옷은 대략 몇 벌이니? 안 입는 옷들은 어떻게 하는 게 좋을까?

선인장 가죽으로 너에게 필요한 걸 만들 수 있다면 뭘 만들고 싶니?

옷장 속에 있는 입지 않는 옷을 재활용한다면 무엇을 할 수 있을까?

더 알아보기

Book

◇ **환경을 지키는 지속 가능한 패션 이야기**

정유리 글 | 박선하 그림 | 팜파스 | 152쪽 | 12,000원

패스트 패션이 뭔지, 미래를 위한 패션은 무엇일지 등 옷과 산업, 그리고 우리의 미래를 생각해볼 수 있는 책이야.

Video

◇ **이중인격 패스트 패션의 실체**

유튜브 채널 : 국가환경교육 통합플랫폼

의류 산업과 패스트 패션 문제에 대해 잘 설명한 영상이야.

◇ **선인장으로 가죽을 만든다고?**
생명공학전공자가 이야기하는 식물성 가죽 만드는 원리

유튜브 채널 : Hey!Ashley Lim

선인장 가죽으로 신발을 만드는 '위키드러버'라는 브랜드에 대한 이야기야.

구글 검색어 순위 1위에 오른 레시피, 비빔밥

구글은 해마다 인터넷 사용자들이 입력한 수십 억 건의 검색어 중 가장 많이 주목 받은 '올해의 검색어'를 발표합니다. 2023년 구글이 공개한 올해의 검색어 레시피 부문에서 전 세계 1위를 차지한 음식은 '비빔밥'이었습니다. 비빔밥은 흰밥에 고사리, 당근, 콩나물, 시금치, 버섯 등의 나물과 고기볶음, 양념을 넣어 비벼 먹는 한국의 전통음식입니다.

비빔밥을 가장 많이 검색한 나라는 인도였습니다. 싱가포르, 스웨덴, 필리핀, 캐나다가 그 뒤를 이었습니다. 비빔밥이 레시피 검색어 1위를 차지한 이유는 전 세계인들의 한국 음식에 대한 관심이 커졌기 때문입니다. 한국의 영화나 드라마 등이 세계적으로 인기를 끌면서, 그 안에 등장하는 한식에 대한 관심도 증가한 것입니다. 2위에 오른 검색어는 스페인 요리 '에스페토(Espeto)'였습니다. 에스페토는 생선을 꼬치에 꽂아 구운 음식인데, 주로 정어리를 사용합니다. 3위는 인도네시아의 죽 '파페다(papeda)'입니다. 파페다는 야자나무에서 나오는 전분으로 만든 요리입니다.

한편 한국인들이 가장 많이 검색한 레시피는 마늘장아찌, 굴무침, 감자 샐러드, 무생채, 파김치 등으로 비빔밥은 10위권에 오르지 못했습니다.

ⓒ 전주 가족회관

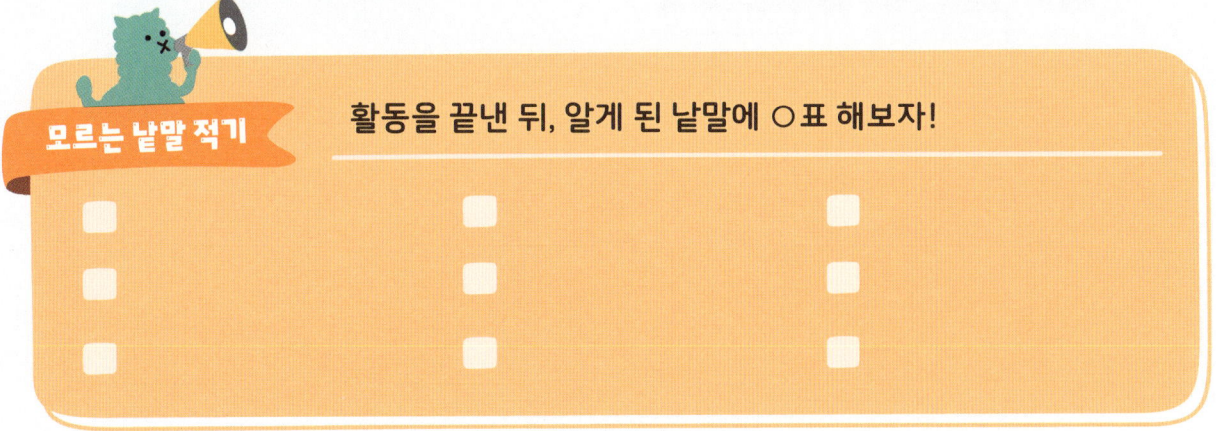

모르는 낱말 적기 활동을 끝낸 뒤, 알게 된 낱말에 ○표 해보자!

◇ 소리내어 읽었나요?   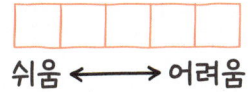 쉬움 ⟵⟶ 어려움

# 배우기

1 구글

◈ '구글'은 인터넷에서 정보를 찾아주는 도구라고 이해하면 돼.
현재 세계에서 가장 많이 사용되는 검색엔진이지.
궁금한 게 있을 때 구글에 검색하면 관련 있는 정보를 찾아서 보여준단다.

2 검색어/검색량

◈ 인터넷에서 원하는 정보를 찾는 과정을 '검색'이라고 해. 인터넷에는 엄청나게 많은 정보가 있어. 그 중에서 내가 원하는 정보를 찾기 위해 검색을 하지.

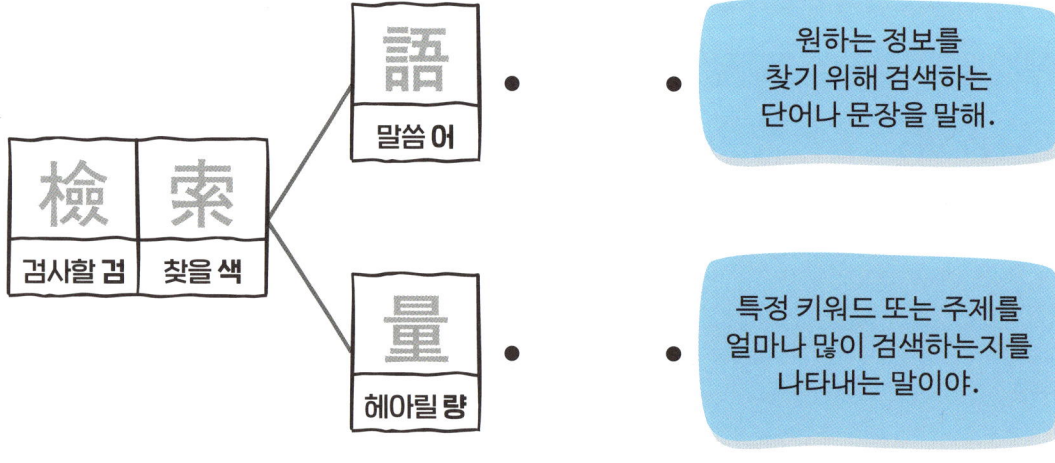

◈ 만약 네가 나무 종류를 알아보고 싶다면 어떻게 검색하면 될까?

⇨ ☐

3 레시피

◆ 요리를 할 때 사용하는 특별한 지침이나 설명 등을 '레시피'라고 해. 쉽게 말해 '요리하는 방법'이지.

◆ 네가 가장 좋아하는 음식은 무엇이니? ⇨

◆ 부모님에게 물어보거나 구글에 검색해서, 그 음식의 레시피를 적어볼래?
   ⇨

4 나라 찾기

비빔밥을 가장 많이 검색한 나라는 인도였습니다.
싱가포르, 스웨덴, 필리핀, 캐나다가 그 뒤를 이었습니다.

◆ 위 신문기사 내용을 참고로 비빔밥을 가장 많이 검색한 나라 순서대로 숫자를 써볼래? 어려우면 각 나라 국기를 검색해봐!

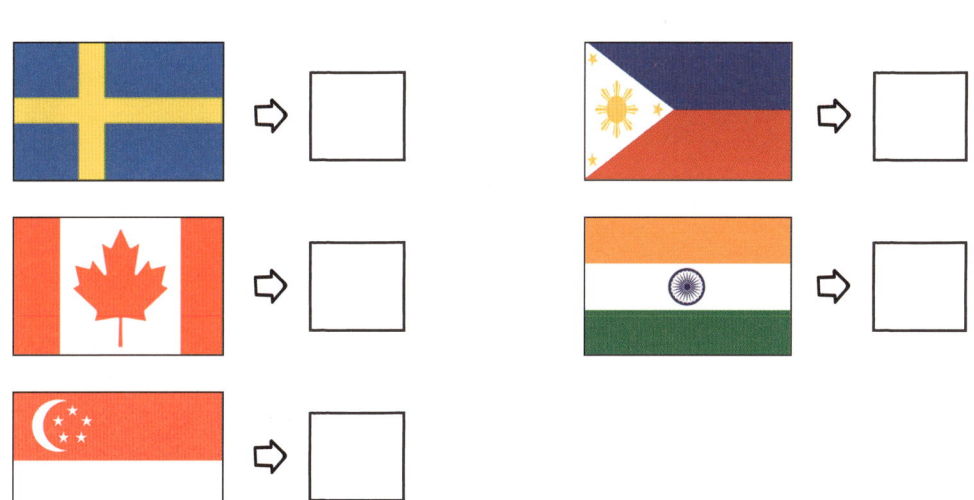

써보기

단어장

주목
注 부을 주 目 눈 목
관심을 가지고 주의 깊게 살핌

발표
發 필 발 表 겉 표
어떤 사실이나 결과, 작품 등을 세상에 널리 드러내어 알림

공개
公 공평할 공 開 열 개
어떤 사실이나 사물, 내용 등을 여러 사람에게 널리 터놓음

정어리
청어과의 바닷물고기.
맛이 부드럽고 고소함

전분
澱 앙금 전 粉 가루 분
감자, 고구마, 물에 불린 녹두 등을 갈아서 가라앉힌 앙금을 말린 가루

 이번 뉴스는 어떤 내용을 담고 있니? 짧게 써볼래?

비빔밥이 구글 검색어 레시피 부문에서
1위를 차지한 이유는 뭘까?

나만의 비빔밥을 만든다면
너는 어떤 재료를 넣고 싶니?
그 이유도 설명해줘~

만약 네가 '구글'이라면
비빔밥 레시피를
어떻게 설명해줄래?

더 알아보기

Tip

◇ **구글 검색해보기**

QR코드를 찍으면 바로 구글로 연결될 거야.
평소 궁금했던 것을 물어보자!

 www.google.co.kr

Video

◇ **구글이 2년 만에 세계 시장을 재패한 배경엔 '이것'이 있었다?**

유튜브 채널 : 1q60 일큐육공

구글의 역사와 구글이 어떻게 세계 1위 검색엔진으로 성장했는지를 설명해주는 영상이야.

◇ **비빔밥, 2023년 구글 '올해의 검색어' 레시피 1위**

유튜브 채널 : 매경5F Maeil Business Newspaper

전 세계인이 구글에서 가장 많이 찾은 '올해의 검색어' 1위 비빔밥 이야기를 담은 영상이야.

9. 장애인 이동권 보장 시위

날짜   년   월   일

2001년부터 몸이 불편한 장애인들은 '대중교통 이동권 보장'을 외치며 시위를 해 왔습니다. 현재 지하철역에 설치된 엘리베이터와 휠체어가 쉽게 타고 내릴 수 있는 저상버스 등은 오랫동안 이어진 이 시위로 만들어진 것입니다. 지하철역 엘리베이터는 장애인뿐만 아니라 노인, 임산부, 유아 등의 '교통약자'들이 모두 함께 이용합니다. 저상버스도 노인이나 어린이에게 편리한 교통수단이 되었습니다.

하지만 장애인 활동가들은 장애인들의 편리를 위해 엘리베이터와 저상버스의 수를 더 늘려야 한다고 주장하며 시위를 계속하고 있습니다. 그러나 많은 사람들로 붐비는 출퇴근 시간, 지하철 승강장에서 시위가 시작되면 매우 혼잡해집니다. 또 열차가 지연되는 등 대중교통 이용이 불편해지면 비장애인들이 불만을 갖게 됩니다.

계속되는 시위로 장애인과 비장애인 사이의 갈등이 점차 심화되고 있습니다. 박경석 전국장애인차별철폐연대 대표는 "장애인의 이동권 문제는 결국 모든 사람의 미래와 관련된 문제이며 이 문제를 풀기 위해 사회 구성원 모두 같이 노력해야 한다"라고 말했습니다.

ⓒ 전국장애인차별철폐연대 페이스북

모르는 낱말 적기 — 활동을 끝낸 뒤, 알게 된 낱말에 ○표 해보자!

◆ 소리내어 읽었나요? ☑   쉬움 ←→ 어려움

 # 배우기

1 장애인

✧ 신체 기관이 본래의 제 기능을 하지 못하거나, 정신 능력에 결함이 있는 상태를 '장애'라고 해.

신체적·정신적 장애로 일상생활이나 사회생활에서 상당한 제약을 받는 사람들을 '장애인'이라고 하지.

막을 **장** | 거리낄 **애**

우리나라 전체 장애인 수 약 265만 명 = 우리나라 전체 인구의 5%

2 교통약자

✧ 한자의 뜻을 살펴보고, 아래 사람들 중 '교통약자'를 모두 찾아 ○표 해봐.

교통 +
약할 **약** | 사람 **자**

노인　어린이　유아 동반　임산부　장애인

3 시위

◇ 생각이나 의견을 표현하면서 집회나 행진을 하는 걸 '시위'라고 해. '데모'라고도 하지. 시위를 나타내는 영어 단어 'demonstration'을 줄여서 말한 거란다.

◇ 아래에서 '데모'를 찾아서 써볼래?

4 비

◇ '비'는 '아니다'라는 뜻을 가지고 있는 한자야.
어떤 낱말 앞에 '비'가 붙으면 '~이 아니다'라고 이해하면 돼.

다음 설명을 보고 해당하는 낱말을 적어보렴.

장애인이 아닌 사람 ⇨ ☐☐☐☐

표준어가 아니다 ⇨ ☐☐☐☐

상식적이지 않다 ⇨ ☐☐☐☐

써보기

단어장

보장
保 지킬 보 障 막을 장
어떤 일이 어려움 없이 이루어지도록 조건을 마련하여 보증하거나 보호함

저상버스
低 낮을 저 床 평상 상 + bus
바닥이 낮고 출입구에 계단이 없는 버스

수단
手 손 수 段 층계 단
어떤 목적을 이루기 위한 방법

심화
深 깊을 심 化 될 화
정도나 경지가 점점 깊어짐

전국장애인차별철폐연대

장애인을 차별하고 배제하지 않는 세상, 장애인도 비장애인과 함께 사회에서 동등한 권리를 누리는 세상, 장애인을 비롯한 사회적 소수자들이 인간답게 살 수 있는 세상을 만들기 위해 활동하는 단체('전장연'이라고 줄여부르기도 함)

 이번 뉴스는 어떤 내용을 담고 있니? 짧게 써볼래?

만약 네가
휠체어를 타고
지하철역에 갔는데,
그곳에 엘리베이터가
없다면 어떨까?

장애인들이 지하철역에서
다른 사람들에게 불편을 끼치며
시위하는 이유는 뭘까?

교통약자들이 좀 더 편하게
이동하려면 어떤 것들이 있으면 좋을까?

더 알아보기

Tip

✧ **이동권**

모든 사람들이 자유롭게 이동할 수 있는 권리야. 교통약자에게도 이동권이 보장되어야 한단다.

> 교통약자는 인간으로서의 존엄과 가치 및 행복을 추구할 권리를 보장받기 위해 교통약자가 아닌 사람들이 이용하는 모든 교통수단, 여객시설 및 도로를 차별 없이 안전하고 편리하게 이용하여 이동할 수 있는 권리를 가집니다.
> (「교통약자의 이동편의 증진법」 제3조)

Video

✧ **장애인 시위한다고, 장애인이 타는 지하철 엘리베이터를 막은 곳이 있다?**

이동권 보장 시위에 대한 설명이 잘 담긴 영상이야.

✧ **장애인들이 '저상버스' 이용 안 하는 이유는**

장애인들의 저상버스 이용 문제를 다룬 영상이야.

바다로 돌아갔던 돌고래 '태산이', 숨지다

남방큰돌고래 '태산이'(수컷, 27살 추정)가 2022년 6월 제주 바다에서 숨을 거뒀습니다. 남방큰돌고래의 등지느러미는 사람의 지문처럼 모양이 서로 다른데, 발견된 사체의 등지느러미가 태산이의 것과 일치했습니다. 야생 남방큰돌고래의 평균 수명이 40살 이상인 것을 고려하면 태산이는 오래 살지 못한 편입니다. 국립수산과학원은 부검을 통해 정확한 사인을 분석했습니다.

태산이는 2009년 6월 제주 바다에서 불법 포획된 후 6년 동안 수족관에서 지냈습니다. 돌고래 쇼에도 동원되었습니다. 태산이는 사람에게 길들여지지 않은 돌고래였기 때문에, 다른 돌고래들과 달리 별도의 공간에서 격리 생활을 했습니다. 하지만 복순이라는 돌고래와는 사이가 좋았다고 합니다.

2013년, 동물보호단체들의 노력 덕분에 대법원은 불법 포획되어 수족관에 갇혀 있는 돌고래들을 바다로 돌려보내라는 판결을 내렸습니다. 바다 적응 훈련을 마친 태산이와 복순이는 2015년 7월에 바다로 돌아갔습니다. 2018년에는 복순이가 새끼 돌고래와 함께 있는 모습이 포착되었습니다. 어쩌면 지금 태산이의 새끼들도 제주 바다를 헤엄치고 있을지도 모릅니다.

ⓒ 해양수산부

모르는 낱말 적기 — 활동을 끝낸 뒤, 알게 된 낱말에 ○표 해보자!

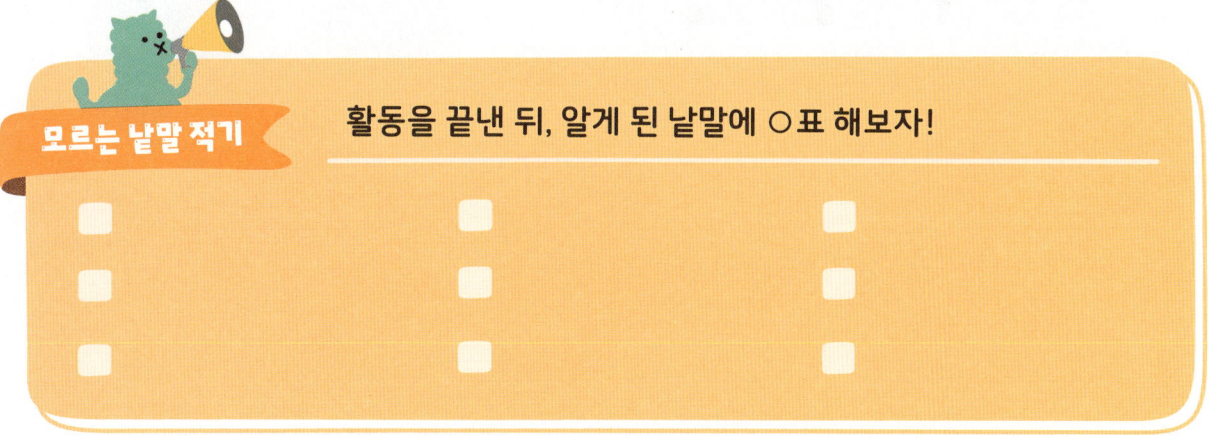

배우기

1 남방큰돌고래

◆ 처음에 '남방큰돌고래'와 '큰돌고래'를 봤을 때, 같은 종이라 생각했대.
둘은 생김새가 비슷했거든. 그런데 자세히 살펴보니 다른 점이 있었지.

큰돌고래	남방큰돌고래
약간 짧고 다부진 부리 큰 몸	비교적 긴 부리 날씬한 몸 (배에 반점이 있는 경우도 있음)

2 태산이와 복순이

태산이(수컷, 대략 1995년생) / 복순이(암컷, 대략 1998년생)

◆ 태산이와 복순이는 서로 좋아하는 사이였어.
복순이가 다른 수컷과 있으면 태산이가 화를 냈대.
바다에 돌려보내기 전에도 둘은 늘 붙어 지냈고,
바다로 돌아가서도 함께 지내는 모습이 관찰되었지.

◆ 바다로 돌아간 태산이와 복순이의 대화를 상상해서 써볼래?

태산이

복순이

3 불법포획

잡을 포 / 얻을 획

✧ 짐승이나 물고기 등을 잡는 일을 '포획'이라고 해.

✧ '불법'은 법에 어긋난다는 의미야. 아래 낱말 중 '불법'의 반대말을 찾아서 ○표 해봐.

- 위법
- 합법
- 비합법

4 지문

✧ 손가락 끝부분에 있는 곡선 무늬를 '지문'이라고 해. 이 무늬는 사람마다 제각각이야. 그리고 평생 변하지 않는대.

✧ 손가락을 보면서 그림으로 그려도 좋고 스탬프잉크를 이용해 찍어도 좋아. 가장 좋아하는 손가락의 지문을 남겨볼래?

✧ 남방큰돌고래의 등지느러미는 사람의 지문처럼 모양이 서로 다르대.

JTA005 | 태산(Taesan)　　**JTA004 | 복순(Boksun)**

해양동물생태보전연구소에서는 이렇게 남방큰돌고래의 등지느러미 목록을 사진과 코드로 관리하고 있단다.

써보기

단어장

야생
野 들 야 生 날 생
산이나 들에서 저절로 나서 자람

사인
死 죽을 사 因 인할 인
죽게 된 원인

판결
判 판단할 판 決 결단할 결
시비나 선악을 판단하여 결정함

부검
剖 쪼갤 부 檢 검사할 검
해부하여 검사함

별도
別 나눌 별/다를 별 途 길 도
원래의 것에 덧붙여서 추가한 것

포착
捕 잡을 포 捉 잡을 착
꼭 붙잡음

 이번 뉴스는 어떤 내용을 담고 있니? 짧게 써볼래?

대법원의 판사는 왜 불법 포획된 돌고래를
다시 바다로 돌려보내라고 했을까?

2018년, 복순이가
갓 낳은 새끼와 함께
다니는 모습이 목격되었어.

네가 새끼 돌고래 이름을 지어주렴.
그리고 복순이와 새끼 돌고래에게
짧은 편지를 써줄래?

혹시 돌고래 쇼를 본 적이 있니?
쇼를 하는 돌고래는 어떤 생각을 할까?
네가 그 돌고래가 되었다고
생각하고 적어볼래?

더 알아보기

Book

◇ **돌고래 복순이**

김란 글·그림 | 소미아이 | 52쪽 | 14,000원

수족관에 갇혀 돌고래 쇼를 했던 돌고래 복순이가 환경 운동가들의 노력으로 다시 바다로 돌아갈 수 있었던 과정을 이야기하는 책이야.

Video

◇ **6년 만에 고향으로 돌아가는 태산이와 복순이의 귀향 프로젝트 '집으로 가는 길'**

태산이와 복순이가 바다로 돌아가는 과정을 담은 영상이야.

◇ **〈이상한 변호사 우영우〉에 나오는 돌고래 구한 썰**

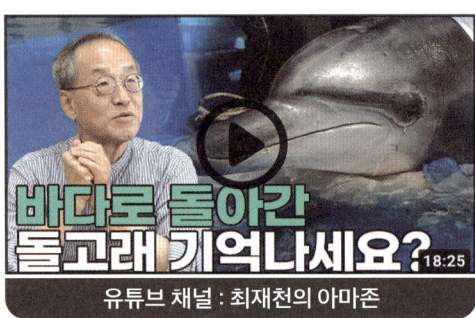

수족관에서 갇혀 사는 돌고래를 풀어주기 위해 애쓴 사람들의 이야기가 담긴 영상이야.

교차로 우회전 차량은 일단 멈춤!

날짜   년   월   일

2023년부터 두 길이 엇갈린 도로인 교차로에 '우회전 신호등'이 집중적으로 설치되기 시작했습니다. 우회전 신호등이 설치된 곳에서는 녹색 화살표 신호가 켜졌을 때만 차량이 우회전할 수 있습니다. 교차로에서 우회전하는 차량과 횡단보도를 건너는 보행자 사이에 빈번하게 발생하는 사고를 예방하기 위해서입니다.

지난 2022년 10월에는 도로교통법이 개정되었습니다. 이전까지는 보행자가 횡단보도를 통행할 때만 차가 멈춰야 했는데, 보행자가 횡단보도를 '통행하려고 하는 때'에도 멈춰야 하게 된 것입니다. 보행자가 교차로 횡단보도에서 통행 의사를 밝혔는데도 멈추지 않은 우회전 차량 운전자는 범칙금 6만 원을 내고, 면허 벌점 10점을 받습니다.

우회전 신호등 도입 1년 후, 서울 내 우회전 교통사고는 그 전해에 비해 8.4퍼센트 줄어들고, 우회전 교통사고로 인한 사망자 수 역시 2022년 11명에서 7명으로 줄어들었습니다. 김용태 경찰청 교통운영계장은 "모든 교차로에 우회전 신호등이 설치되는 것은 아니기 때문에 항상 보행자가 있는지 살피고 일단 멈추는 습관을 들여야 한다"라고 당부했습니다.

ⓒ 서울시

모르는 낱말 적기   활동을 끝낸 뒤, 알게 된 낱말에 ○표 해보자!

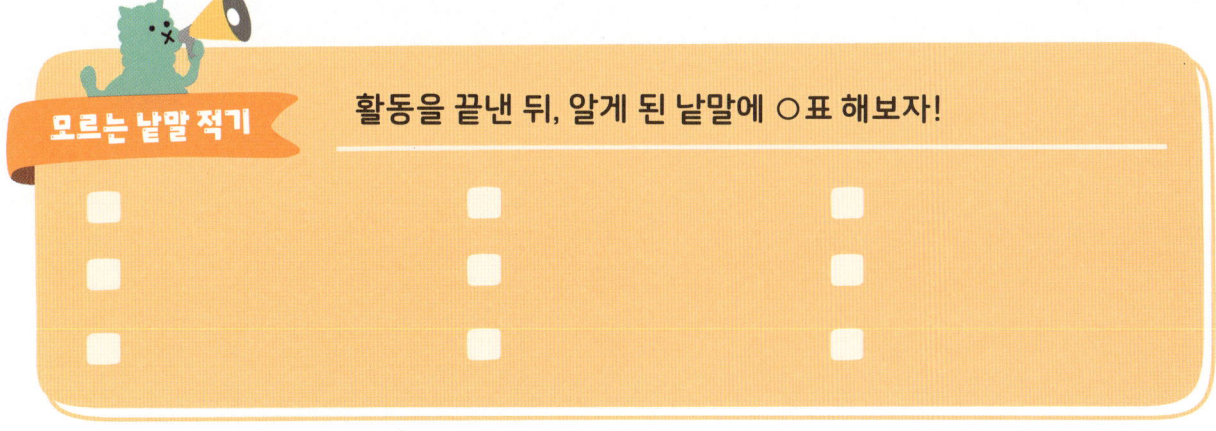

✧ 소리내어 읽었나요? ✓   쉬움 ←→ 어려움

배우기

1 좌/우

左	右
왼쪽 좌	오른쪽 우

✧ '좌'는 '왼쪽', '우'는 '오른쪽'을 뜻해.
그렇다면 파란 차가 '우회전'하려면
어떻게 가야 할까? 화살표로 표시해볼래?

2 벌점

✧ 운전자가 교통법규를 어기면 '벌점'을 받게 돼. 벌점이 40점 이상이 되면 '1점당 1일'로 면허가 정지돼. 벌점과 같은 날수만큼 운전을 할 수 없게 되지.

> 보행자가 교차로 횡단보도에서 통행 의사를 밝혔는데도 멈추지 않은 우회전 차량 운전자는 범칙금 6만 원을 내고, 면허 벌점 10점을 받습니다.

✧ 보행자가 있는데도 우회전을 5번 한 운전자는 범칙금 얼마를 내야 할까?
또 운전은 며칠 동안 할 수 없게 될까?

⇨ 범칙금 [　　　] 원　　⇨ 운전할 수 없는 기간 [　　　] 일

3 보행자 유무

✧ '보행자'는 걸어서 길거리를 오고가는 사람을 뜻해.

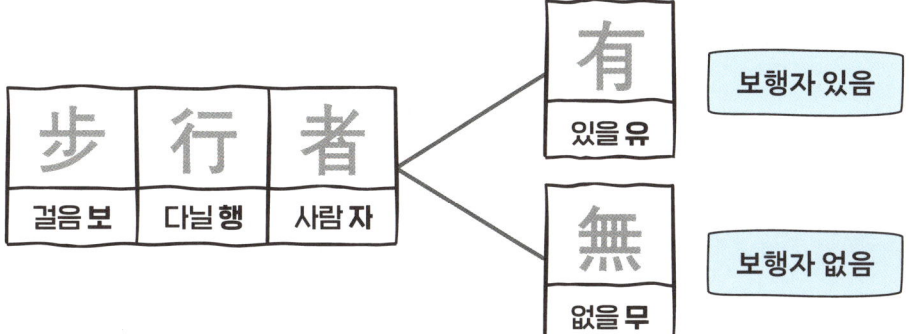

✧ 우회전하면 안 되는 '보행자 유' 상황은?

4 교통표지판

✧ 다음 교통표지판의 의미를 찾아 선을 이어볼래?

   •   • 공사 중

   •   • 야생 동물 주의

   •   • 일단 멈춤

써보기

단어장

교차로
交 사귈 교 叉 갈래 차 路 길 로
두 길이 엇갈린 곳

개정
改 고칠 개 定 정할 정
이미 정한 것을 고쳐서 다시 정함

의사
意 뜻 의 思 생각 사
무엇을 하고자 하는 생각

빈번
頻 자주 빈 繁 번성할 번
번거로울 정도로 잦음

통행
通 통할 통 行 다닐 행
일정한 장소를 지나다님

범칙금
犯 범할 범 則 법칙 칙 金 쇠 금
도로교통법을 어긴 사람에게 내게 하는 벌금

 이번 뉴스는 어떤 내용을 담고 있니? 짧게 써볼래?

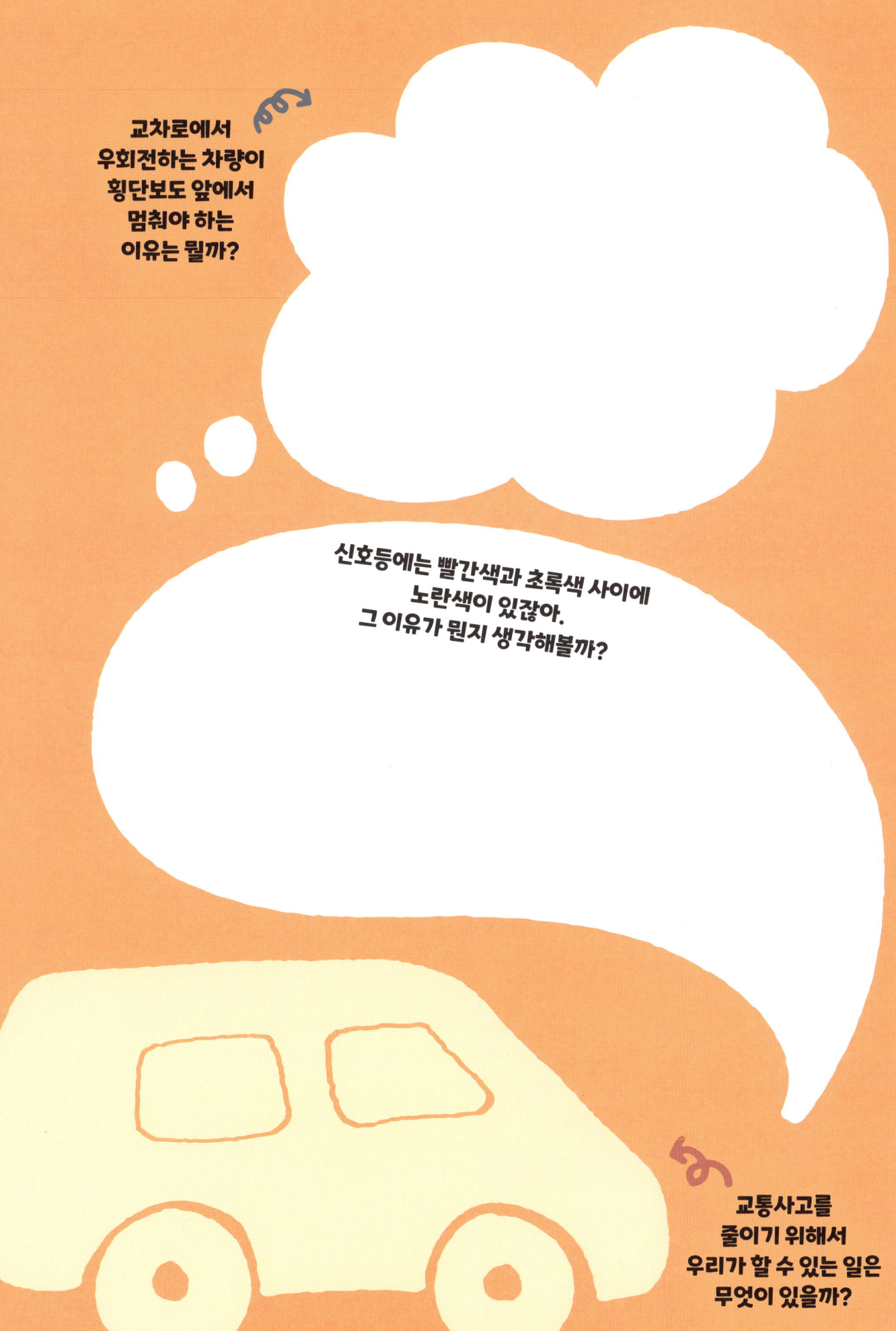

교차로에서 우회전하는 차량이 횡단보도 앞에서 멈춰야 하는 이유는 뭘까?

신호등에는 빨간색과 초록색 사이에 노란색이 있잖아. 그 이유가 뭔지 생각해볼까?

교통사고를 줄이기 위해서 우리가 할 수 있는 일은 무엇이 있을까?

더 알아보기

Book

◇ **어린이를 위한 교통안전**

김은중 글 | 김창희 그림 | 뭉치 | 136쪽 | 13,000원

어린이들이 일상생활 속에서 교통안전 수칙을 지키고 사고로부터 자신을 보호할 수 있도록 다양한 정보를 담은 책이야.

Video

◇ **교차로 우회전 일단 서세요!**

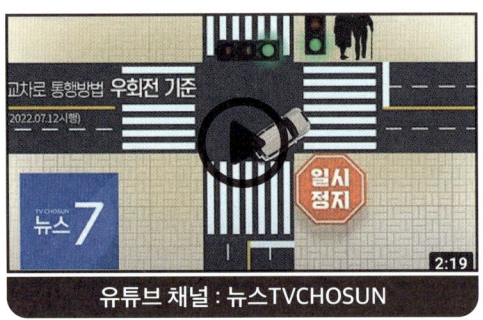

교차로에서 우회전할 때, 횡단보도 앞에서는 무조건 멈춰야 한다는 이야기를 담은 뉴스 영상이야.

◇ **교통표지판 퀴즈! 교통표지판을 알아요**

교통표지판에 대해 설명해주는 영상이야. 다양한 색깔과 그림으로 만든 교통표지판을 어떻게 구별하고 보는지 알 수 있어.

12. 단풍 지도가 있다고?

지난 2023년 9월, 산림청은 단풍철을 맞아 가을 산을 찾는 사람들을 위해 '산림 단풍 절정 예측 지도'를 발표했습니다. 단풍 절정 예측 지도는 해마다 산림청에서 설악산, 지리산, 한라산 등 우리나라를 대표하는 산림 19곳과 각 지역에 있는 수목원 9곳을 대상으로 만들고 있습니다. 우리나라 산림에 가장 많이 분포해 있는 나무인 단풍나무, 은행나무, 신갈나무의 단풍 절정기를 예측해서 만듭니다. 단풍 절정기는 각 나무들이 각각 50퍼센트 이상 물이 든 시기를 가리킵니다.

가을이면 나무는 겨울을 날 준비를 하며 자라는 것을 잠시 멈추고 나뭇잎에 수분과 영양분 공급을 끊습니다. 그러면 초록색을 띠는 나뭇잎의 엽록소가 파괴되면서 노랑이나 빨강 같은 색소들이 두드러지게 됩니다. 가을에 단풍이 드는 이유입니다.

단풍의 절정 시기는 지역과 나무 종류에 따라 조금씩 차이가 있지만, 대부분 10월 하순경입니다. 산림청은 남부 일부 지역에서는 11월 초순까지도 단풍을 볼 수 있을 것으로 예측했습니다.

ⓒ 산림청

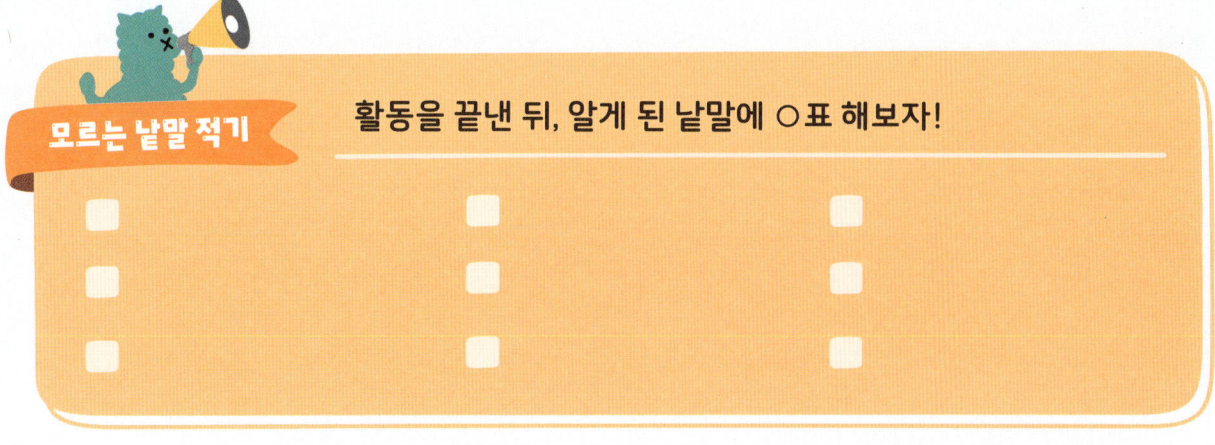

배우기

1 한자 '목'

✧ '상형문자'는 사물의 모양을 본떠서 만든 글자야. 나무를 뜻하는 한자 '나무 목(木)' 역시 나무 모양이 점점 더 단순하게 바뀌어서 지금의 모습이 되었단다.

 2개가 모이면   3개가 모이면

'삼림'은 '수풀 삼(森)'과 '수풀 림(林)'을 합친 말이야.

✧ 실제로는 없는 한자이지만 '나무 목'이 4개 모인 한자가 있다면 그 한자는 어떤 이름을 가지고 있을까?

 ⇨

2 초/중/하순

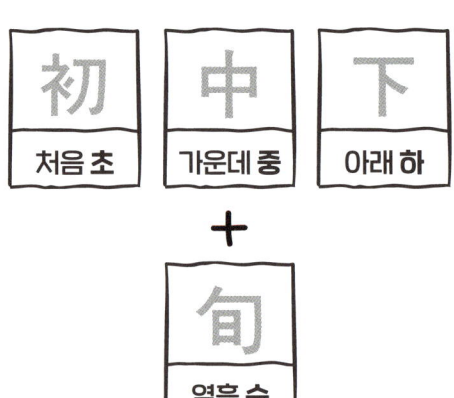

✧ 한 달(30일)을 쪼개어 이야기할 때, '초순', '중순', '하순'이라는 말을 써. 이때의 '순'은 열흘(10일)이라는 뜻이란다.

✧ 그렇다면, 각 표현은 언제부터 언제까지를 나타내는 걸까? 생각해서 써봐!

초순 ☐일~☐일   중순 ☐일~☐일   하순 ☐일~☐일

3 단풍 절정기의 나무

우리나라 산림에 가장 많이 분포해 있는 나무인 단풍나무, 은행나무, 신갈나무의 단풍 절정기를 예측해서 만듭니다.

✧ 아래 사진은 기사 속에 나오는 단풍나무, 은행나무, 신갈나무야.
나뭇잎을 자세히 보고 사진에 알맞은 나무 이름을 써볼래?

4 가리키다/가르치다

✧ 많은 사람들이 구분하지 않고 사용하지만, '가리키다'와 '가르치다'는 다른 의미란다.

가리키다 — 방향을 나타낼 때

가르치다 — 모르는 것을 알려줄 때

✧ 문장을 각각 알맞게 이어볼래?

선생님이 우리에게 수학을 • • 가리키셨어.

선생님이 양호실을 손가락으로 • • 가르치셨어.

# 써보기

단어장

절정
絕 끊을 절 頂 정수리 정
사물의 진행이나 발전이 최고의 경지에 도달한 상태

예측
豫 미리 예 測 헤아릴 측
미리 헤아려 짐작함

분포
分 나눌 분 布 베 포/펼 포
일정한 범위에 흩어져 퍼져 있음

공급
供 이바지할 공 給 줄 급
요구나 필요에 따라 물건을 제공함

엽록소
葉 잎 엽 綠 푸를 록 素 본디 소
녹색식물의 잎 속에 들어 있는 물질

색소
色 빛 색 素 본디 소
물체의 색깔이 나타나도록 해주는 성분

 이번 뉴스는 어떤 내용을 담고 있니? 짧게 써볼래?

단풍으로 물든 산을 상상하며 아래 그림을 색칠해볼래?

**가을이 되면 울긋불긋 단풍이 들듯,
너도 가을이 되면 바뀌는 무언가가 있니?**

**만약 네가 '단풍 예측 지도' 같은
예측 지도를 만든다면,
무엇을 예측하는 지도를 만들고 싶니?
어떤 예측 지도를 만들 거야?**

더 알아보기

Tip

◇ **단풍 예측 지도 살펴보기**

산림청에서 제공하는 단풍 예측 지도란다. 단풍나무, 은행나무, 신갈나무의 단풍 예측 시기를 한 눈에 볼 수 있어.

Book

◇ **잎에는 왜 단풍이 들까요?**

편집부 글 | 정유정 그림 | 다섯수레 | 32쪽 | 12,000원

단풍이 드는 과정과 나뭇잎의 엽록소에 대해 그림으로 재밌게 설명한 책이야.

Video

◇ **단풍이 드는 이유 3분 정리**

단풍이 드는 이유와 나뭇잎이 왜 빨간색, 노란색으로 물드는 지 잘 설명한 영상이야.

날짜   년   월   일

13 똑똑한 자율운행 버스

지난 2022년 11월, 서울 청계천에서 자율주행 셔틀버스 aDRT가 본격적으로 운행을 시작했습니다. aDRT에는 12대의 카메라와 6개의 레이더가 탑재되어 있어, 운전자 없이도 스스로 실시간으로 주변을 인식하며 달릴 수 있습니다. 승객의 안전을 위해 안전벨트 자동 인식, 승객 끼임 자동 방지 장치도 마련되어 있습니다.

aDRT의 운행 코스는 청계광장에서 광장시장까지입니다. 청계천 주변은 관공서, 문화예술 시설, 상가 등이 밀집해 있는 번화가입니다. 신호등을 무시한 채 무단 횡단하는 보행자와 이륜자동차의 통행이 잦고, 도로에 주정차 차량도 많아 사고 위험이 높습니다. aDRT를 운영하는 포티투닷은 "위험 상황에 대비해 언제든 자율주행 모드에서 수동 운전 모드로 바꿀 수 있는 안전 요원이 함께 탑승한다"라고 말했습니다.

이 버스를 탑승해 본 승객은 "자율주행이라고 해서 느리게 가는 줄 알았는데, 속도가 꽤 났다. 안전 요원이 있어 안심이 된다"라는 소감을 밝혔습니다. 이 버스를 타고 싶은 승객은 스마트폰 앱(TAP!)을 통해 차량을 호출하면 됩니다.

ⓒ 포티투닷

모르는 낱말 적기   활동을 끝낸 뒤, 알게 된 낱말에 ○표 해보자!

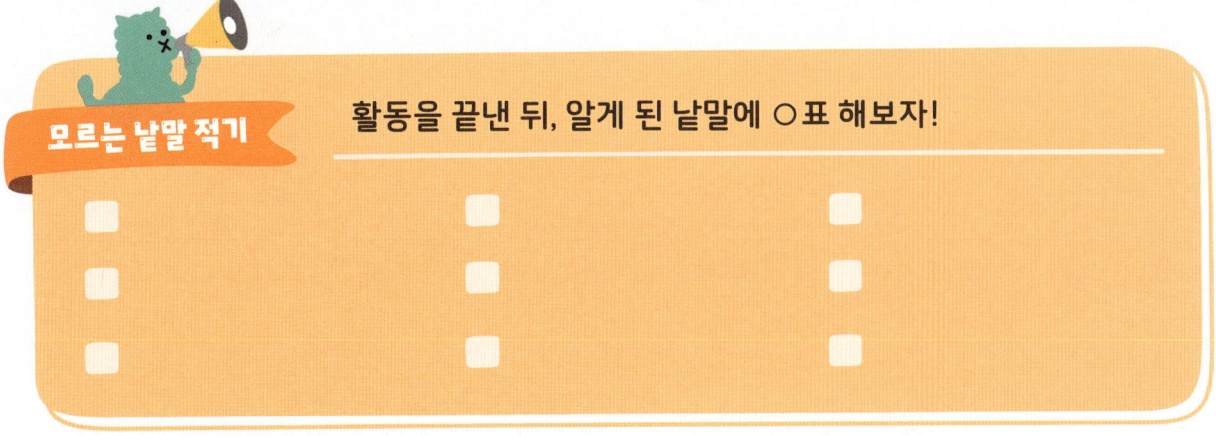

✧ 소리내어 읽었나요? ☑   쉬움 ←→ 어려움

배우기

1 자율주행

自	律	走	行
스스로 자	법칙 률(율)	달릴 주	다닐 행

◇ 운전자가 직접 운전하지 않고, 차가 스스로 도로에서 달리는 것을 '자율주행'이라고 해.

포티투닷(42dot)에서 만든 셔틀버스 'aDRT'

aDRT

autonomous Demand Responsive Transport
(자율 수요 응답형 교통수단)

◇ 셔틀버스 'aDRT'의 뜻은 위와 같아. 만약 네가 이 버스의 이름을 다시 짓는다면 뭐라고 짓고 싶니?

⇨ [　　　　　　　　]

2 왕복

往	復
갈 왕	회복할 복

◇ '왕복'은 갔다가 돌아오는 것을 말해.
만약 서울에서 인천까지 왕복 2시간 걸리는 버스가 세 번을 왕복했다면, 버스는 총 몇 시간을 운행한 걸까?

 ⇨ [　　] 시간

3 운행 구간

❖ aDRT의 운행 구간은 청계광장에서 광장시장까지야.

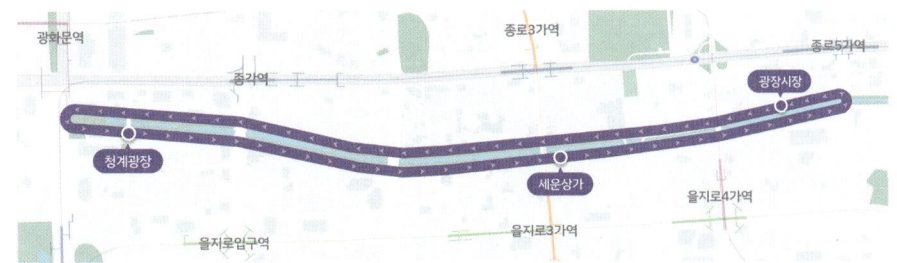

운행 정보
운행시간 : 월~금 9:30~17:00 (쉬는 시간 12:00~13:30)
운행지역 : 청계광장, 세운상가, 광장시장
운행요금 : 무료   탑승인원 : 6인

❖ 만약 네가 자율주행 셔틀버스를 운행한다면 어떤 방법으로 운행하고 싶어?

⇨
운행시간: 운행요금:

운행지역: 탑승인원:

4 번화가

❖ 사람들이 모여 북적북적하고 화려한 거리를 '번화가'라고 한단다.
둘 중 '번화가'를 찍은 사진을 골라봐!

써보기

단어장

운행
運 옮길 운 行 다닐 행
정해진 길을 따라 차량 등을 운전하여 다님

탑재
搭 탈 탑 載 실을 재
배, 비행기, 차 등에 물건을 실음

밀집
密 빽빽할 밀 集 모을 집
빈틈없이 빽빽하게 모임

무단
無 없을 무 斷 끊을 단
사전에 허락이 없음

이륜자동차
二 두 이 輪 바퀴 륜
自 스스로 자 動 움직일 동 車 수레 차
바퀴가 둘 달린 자동차.
주로 오토바이를 가리킴

주정차
駐 머무를 주 停 머무를 정 車 수레 차
주차와 정차(차를 멈춤)를 함께 이르는 말

 이번 뉴스는 어떤 내용을 담고 있니? 짧게 써볼래?

aDRT에는 왜 안전 요원이 함께 탈까?

자율주행차를 탄 운전자는 운전을 할 필요가 없어. 그럼 대신 무엇을 할 수 있을까?

만약 자율주행차처럼 스스로 움직이는 무언가를 만든다면, 넌 뭘 만들고 싶어?

더 알아보기

Tip

✧ **자율주행 셔틀버스 이용해보기**

① 'TAP!' 어플 다운로드하기
② 출발지와 도착지 입력하기
③ 예약 후 사용하기

 구글플레이스토어    앱스토어

Video

✧ **UMOS Day 2021**

유튜브 채널 : 42dot

자율주행 버스 aDRT를 만든 회사 '포티투닷'의 송창현 대표가 자신들의 기술에 대해 설명하는 영상이야.

✧ **2022년, 자율주행 자동차는 어디까지?**

유튜브 채널 : 비디오머그 - VIDEOMUG

자율주행 자동차를 직접 시승해보면서 그 시스템을 살펴보고, 우리나라 자율주행차의 미래까지 예측해보는 영상이야.

유통기한이 소비기한으로 바뀌었어요

2023년부터 식품에 표기되는 '유통기한'이 '소비기한'으로 바뀌었습니다. 유통기한이란 식품을 판매할 수 있는 기한을 뜻합니다. 실제로 유통기한이 지났어도 잘 보관한 식품은 일정 기간 동안 섭취할 수 있습니다. 하지만 그동안 소비자들은 유통기한이 지나면 먹을 수 없다고 인식해왔습니다. 이로 인해 식품 폐기 비용이 발생하고 환경오염이 심해진다는 문제점이 있었습니다.

식품안전정보원에 따르면, 우리나라의 연간 식품 폐기량은 548만 톤에 이르고, 이를 처리하는 데 1조 960억 원 정도가 든다고 합니다. 유통기한을 소비기한으로 바꿔 표기함으로써 식품업체는 물론 소비자도 많은 비용을 아끼고 환경오염을 줄일 수 있습니다.

식품의약품안전처는 실험과 분석을 거쳐 80개 품목의 소비기한을 발표했습니다. 이에 따르면 두부는 17일(유통기한)에서 23일(소비기한)로, 간편조리세트는 6일에서 8일로 소비기한이 길어집니다. 2023년 1년 동안은 유통기한과 소비기한을 함께 사용하는 것을 허용했지만, 2024년부터는 반드시 소비기한을 표시해야 합니다. 보관 온도에 민감한 우유는 예외적으로 2031년부터 소비기한을 표시하기로 했습니다.

ⓒ 서울우유

모르는 낱말 적기 — 활동을 끝낸 뒤, 알게 된 낱말에 ○표 해보자!

✧ 소리내어 읽었나요?

쉬움 ←→ 어려움

배우기

1 유통기한 & 소비기한

◆ '기한'은 미리 정해 놓은 날짜를 뜻해.

流	通	期	限	消	費	期	限
흐를 류(유)	통할 통	기약할 기	한할 한	사라질 소	쓸 비	기약할 기	한할 한

◆ 그렇다면 '유통기한'과 '소비기한'은 각각 어떤 의미일까? 한자의 뜻을 살펴보면서 적어볼래?

유통기한 ⇨ ☐

소비기한 ⇨ ☐

◆ 포장된 식품에는 '소비기한' 표시가 있단다.
냉장고를 열어서 소비기한이 적힌 식품을 찾아볼래?

제품의 종류 ⇨ ☐

소비기한 날짜 ⇨ ☐

2 소비기한

◆ 2031년부터 우유는 14일(유통기한)에서 24일(소비기한)로 표시가 될 거야. 그렇다면 다음 우유의 소비기한을 써볼래?

유통기한
2031년 1월 2일

―――――――

소비기한

☐

3 연간

✧ '연간'의 한자는 다음과 같아.

✧ '연간'의 뜻은 무엇일까? 사다리 타기로 알맞은 뜻을 찾아 숫자를 써봐.

⇨

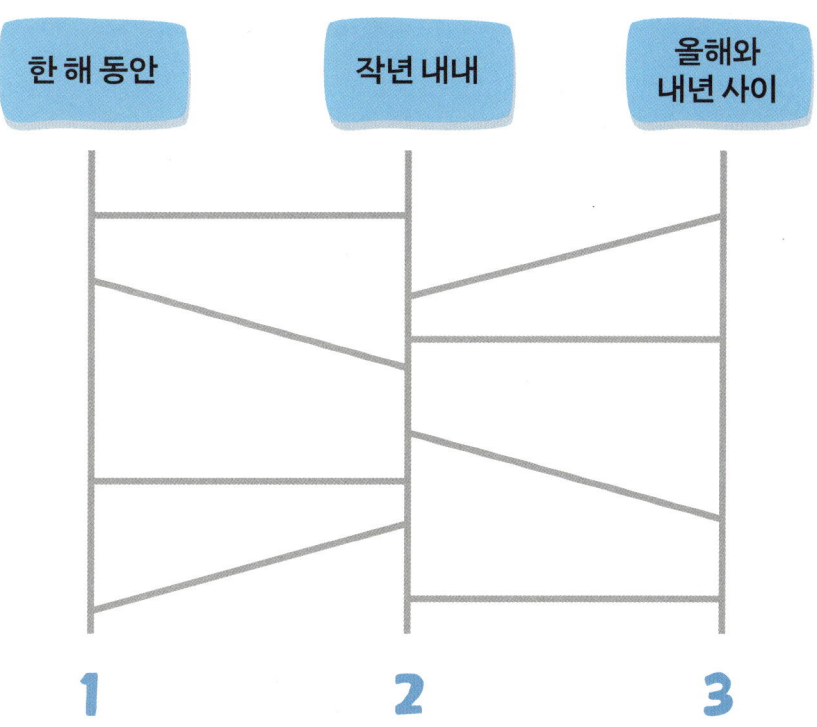

4 식품 폐기량

✧ 우리나라에서 1년 동안 버려지는 식품은 548만 톤

✧ 이 버려지는 식품을 처리하는 비용은 1조 960억 원

✧ 그렇다면 2년 동안 버려지는 식품은 몇 톤일까? ☐ 톤

✧ 또 2년 동안 버려지는 식품을 처리하는 비용은 얼마일까? ☐ 억 원

써보기

단어장

표기
表 겉 표 記 기록할 기
적어서 나타냄

폐기
廢 폐할 폐 棄 버릴 기
못 쓰게 된 것을 버림

허용
許 허락할 허 容 얼굴 용
허락하여 너그럽게 받아들임

섭취
攝 당길 섭 取 취할 취
생물체가 양분 등을 몸속에 빨아들이는 일

품목
品 물건 품 目 눈 목
물품 종류의 이름

민감
敏 민첩할 민 感 느낄 감
자극에 빠르게 반응을 보이거나 쉽게 영향을 받음

 이번 뉴스는 어떤 내용을 담고 있니? 짧게 써볼래?

유통기한을 소비기한으로 바꿔 쓰면 어떤 점이 좋을까?

식품을 버리면
어떤 과정을 통해 처리되는 걸까?

제품명 :

소비기한 :

그 이유 :

네가 소비기한을 정할 수 있다면
어떤 제품을 얼마만큼의 소비기한으로
만들고 싶니?
그 이유도 함께 적어볼래?

더 알아보기

Tip

◆ **소비기한 표시제**

식품의약품안전처에서 2023년 1월 1일부터 식품에 표기되는 유통기한이 소비기한으로 바뀐다고 알려주기 위해 만든 포스터야.

Video

◆ 비닐 쪼가리가 계속 나오는 가축 사료, 그런데 이게 '합법'이라고?

우리가 버리는 음식물 쓰레기 처리 과정에 대한 설명을 담은 영상이야.

◆ 내년부터 소비기한제 실시! 유통기한과 소비기한 뭐가 다를까?

유통기한과 소비기한이 무엇이고 어떤 점이 다른지 설명한 영상이야.

15 이틀 만에 집을 지어요

우리가 사는 집을 단 이틀 만에 지을 수도 있다고 합니다. GS건설은 '모듈러 공법'으로 만든 목조 주택을 선보였습니다. 집을 짓고 싶은 사람이 주문을 하면, 공장에서 제품을 만들듯 설계도에 따라 나무를 자르고 못을 박아 집을 만드는 방식입니다. 재단, 조립, 배달까지 짧게는 2~3일 정도 걸린다고 합니다. 그 후 전기, 수도, 가스 등을 연결하고 내부 인테리어를 마치면 집 한 채가 완성됩니다. 한 달에 최대 300채까지 제작할 수 있습니다.

이렇게 공장에서 집을 만들면, 기존에 집을 짓던 방식에 비해 자원 낭비를 줄일 수 있습니다. 또 건축 과정에서 발생하는 소음, 먼지, 진동 등이 줄어 건축 현장 주변 사람들에게 끼치는 피해를 최소화할 수 있습니다. 집을 철거할 때도 조립했던 것처럼 해체하면 되므로 버려지는 건축 재료가 줄어듭니다.

목조 주택 외에도 철골, 콘크리트를 이용한 모듈러 주택도 등장하고 있어 소비자의 선택지는 더욱 넓어지고 있습니다. 특히 아파트와 같은 고층 건물도 철강 소재의 모듈러 공법을 활용하면 장난감 레고처럼 쉽게 조립할 수 있다고 합니다.

ⓒ GS건설

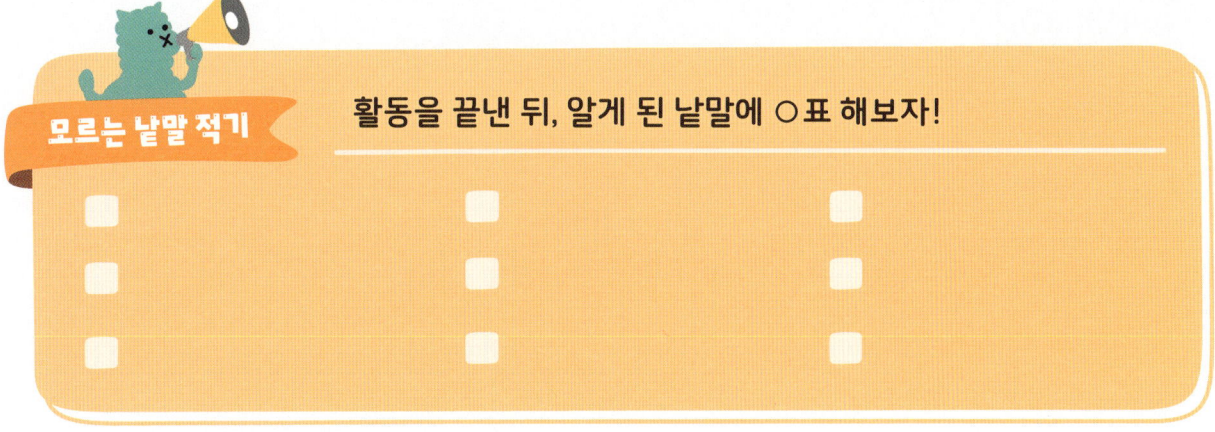

모르는 낱말 적기   활동을 끝낸 뒤, 알게 된 낱말에 ○표 해보자!

◇ 소리내어 읽었나요? ✓   쉬움 ←→ 어려움

배우기

1 모듈러 공법

◆ '모듈러'는 여러 가지로 조합할 수 있도록 만든 개별 단위를 의미해.
이런 레고 조각처럼!

◆ 스마트 건축 기술 중 하나로, 공장에서 미리 제작한 모듈러를 건설 현장으로 옮겨와서 조립하는 방식을 '모듈러 공법'이라고 해.
모듈러 공법의 장점과 단점을 오른쪽 보기에서 각각 찾아 번호를 적어볼래?

장점 ⇨

단점 ⇨

보기

① 날씨 영향을 적게 받는다.
② 운송이 안 되는 지역이 있다.
③ 건축 기간이 짧다.
④ 공사 금액이 줄어든다.
⑤ 오류가 있을 때 수정이 어렵다.
⑥ 철거한 뒤 재사용이 가능하다.

2 GS건설

✧ GS그룹에 소속된 건설회사야.
삼성물산, 현대건설 등에 이어 국내 5위의 건설회사란다.
(국토교통부 2023년 토목건축공사업 시공능력평가 결과)

단우드
폴란드 목조 모듈러 업체

엘리먼츠
영국 철골 모듈러 기업

✧ GS건설은 2020년 1월에 해외 모듈러 회사 두 곳을 인수했어. '인수'란 금액을 내고 권리를 넘겨받았다는 뜻이야. 폴란드의 단우드는 독일 모듈러 주택시장에서 매출 4위를 기록했고, 영국의 엘리먼츠는 영국 모듈러 화장실 전문 회사 중 3위를 했어.

GS건설이 모듈러 기업 두 곳을 인수한 이유는 무엇일까?

⇨ [   ]

3 최소화

✧ 가장 작게 한다는 걸 '최소화'라고 해.

最	小	化
가장 최	작을 소	될 화

그럼 '최소화'의 반대말은 무엇일까?

大
큰 대

⇨ [   ]

써보기

단어장

공법
工 장인 공 法 법 법
공사하는 방법

목조
木 나무 목 造 지을 조
나무로 만든 물건

자원
資 재물 자 源 근원 원
인간이 살아가거나 경제 활동을 하는 데 이용되는 광물, 산림, 수산물 등을 이르는 말

철거
撤 거둘 철 去 갈 거
건물, 시설 등을 무너뜨려 없애거나 걷어치움

철골
鐵 쇠 철 骨 뼈 골
철재로 된 건축물의 뼈대

철강
鐵 쇠 철 鋼 강철 강
주철과 강철을 함께 이르는 말

 이번 뉴스는 어떤 내용을 담고 있니? 짧게 써볼래?

네가 살고 있는 집은
어떤 모습이니?
그림으로 그려볼래?

네가 살고 싶은 집은 어떤 모습이니?
그림으로 그려볼래?

모듈러 공법으로 무언가를
만들 수 있다면 무엇을 만들고 싶니?

97

더 알아보기

Tip

✧ **건축 재료의 종류**

건축에 사용되는 재료는 매우 다양해.

- 목재 : 가볍고 강도가 높은 재료야.
- 철골 : 지진에 강하고 안정적이야. 프랑스 에펠 탑도 철골 건축물이지.
- 콘크리트 : 시멘트, 모래 등을 혼합해서 만든 재료야. 대형 건축물에 많이 사용해.

 목재

 철골

 콘크리트

Video

✧ **주택 한 채 이틀이면 뚝딱… 불황 속 신기술 접전**

건설 현장에 도입된 스마트 기술을 설명한 영상이야. 모듈러 주택을 짓는 과정도 볼 수 있단다.

✧ **레고처럼 조립해 만드는 고층 아파트!**

40층이 넘는 건물을 모듈러 공법으로 짓는 모습을 보여주는 영상이야.

16 도토리 300킬로그램 모은 딱따구리

2023년 2월, 미국 캘리포니아의 한 주택 벽에서 300킬로그램이 넘는 도토리가 쏟아져 나왔습니다. 해충 방제 업체를 운영하는 닉 카스트로는 "딱따구리 한 마리가 집 벽 곳곳에 구멍을 냈다"라는 의뢰 전화를 받고 출동했습니다. 현장에 도착한 닉은 확인을 위해 벽에 작은 구멍을 뚫었는데, 거기서 도토리가 무더기로 쏟아져 나왔습니다. 벽 속 상황을 자세히 보기 위해 더 큰 구멍을 뚫었고, 그렇게 쏟아진 도토리는 바닥을 뒤덮었습니다.

닉은 "딱따구리 여러 마리가 쉬지 않고 계속 모은 것이다. 도토리가 내벽과 외벽 사이 공간에 25퍼센트 정도 찼을 것"이라고 짐작했습니다. 이런 일이 일어난 이유는 딱따구리가 나무에 구멍을 뚫고 겨울철에 먹을 먹이를 저장하는 습성이 있기 때문입니다. 닉은 외벽의 구멍을 모두 막고, 딱따구리가 구멍을 뚫기 힘든 소재로 벽을 감쌌습니다. 그리고 딱따구리들이 새 둥지를 찾을 수 있도록 유도했습니다.

이 소식을 접한 누리꾼들은 "도토리는 훌륭한 단열재니 그대로 둬라", "도토리를 딱따구리에게 돌려줘라" 등 다양한 댓글을 달며 흥미로워했습니다.

ⓒ 닉 카스트로 페이스북

모르는 낱말 적기   활동을 끝낸 뒤, 알게 된 낱말에 ○표 해보자!

◇ 소리내어 읽었나요? ✓   쉬움 ←→ 어려움

배우기

1 딱따구리

✧ 딱따구리에 대해 얼마나 알고 있니? 딱따구리를 색칠해보고 아래에서 딱따구리에 대해 알맞게 설명한 문장을 모두 찾아 ○표 해봐. 검색해봐도 좋아!

- ☐ 주요 먹이는 나무 속에 있는 애벌레야.
- ☐ 딱따구리가 나무를 뚫으면 나무에게는 해로워.
- ☐ 1초당 10~20번의 빠른 속도로 머리가 움직인대.
- ☐ 딱따구리는 참새보다 작아.
- ☐ 나무에 구멍을 뚫어 도토리를 모으는 '도토리 딱따구리' 종이 있어.

2 퍼센트

✧ '퍼센트(%)'는 전체의 양을 100이라고 생각했을 때, 어떤 양이 그중 얼마나 차지하는지를 나타내는 단위야.

> 닉은 "딱따구리 여러 마리가 쉬지 않고 계속 모은 것이다. 도토리가 내벽과 외벽 사이 공간에 25퍼센트 정도 찼을 것"이라고 짐작했습니다.

✧ 아래 모양이 내벽과 외벽 사이라고 생각하고, 도토리가 얼마나 차 있을지 색칠해봐!

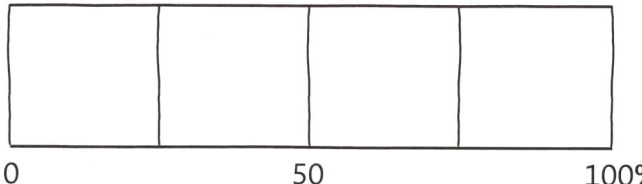

3 도토리 300킬로그램

◇ 도토리는 참나무과 나무에 열리는 열매야.
묵을 만들어 먹기도 하지.
도토리묵 먹어본 사람? 손! ⇨ ☐

◇ 벽 속에서 300킬로그램(kg) 이상의 도토리가 쏟아져 나왔다고 했지.
만약 도토리 하나가 3그램(g)이라면 몇 개의 도토리가 나온 걸까?

| 1킬로그램(kg) | = | 1000그램(g) |
| 1그램(g) | = | 0.001킬로그램(kg) |

3그램(g) × ☐ 개 = 300킬로그램(kg)

4 내외

| 內 | 外 |
| 안 내 | 바깥 외 |

◇ 한자 '내'는 '안'을 의미하고,
한자 '외'는 '밖'을 의미해.

◇ 오른쪽 그림에서 내벽과 외벽을
찾아 각각 써볼래?
딱따구리는 어느 벽을 뚫었을까?

⇨ ☐

써보기

단어장

해충 방제
害 해할 해 蟲 벌레 충 防 막을 방 除 덜 제
농작물 등에 피해를 주는 해충을
직·간접적으로 예방하거나 없애는 일

습성
習 익힐 습 性 성품 성
습관이 되어 버린 성질

누리꾼
인터넷에서 활동하는 사람

의뢰
依 의지할 의 賴 의뢰할 뢰
남에게 부탁함

유도
誘 꾈 유 導 인도할 도
사람이나 물건을 목적한 장소나 방향으로
이끎

단열재
斷 끊을 단 熱 더울 열 材 재료 재
보온을 하거나 열을 차단할 목적으로
쓰는 재료

 이번 뉴스는 어떤 내용을 담고 있니? 짧게 써볼래?

딱따구리는 어떤 마음으로
도토리를 모았을까?

만약 딱따구리가
너희 집에 도토리를
모아 놓았다면
넌 그 도토리를
어떻게 할 거야?

딱따구리가 도토리를
다시 모을 수 있도록 도와준다면,
장소는 어디가 좋을까?

더 알아보기

Book

◇ **빨간 모자를 쓴 딱따구리야**

김성호 글 | 이지현 그림 | 비룡소 | 44쪽 | 12,000원

딱따구리가 처음 세상을 어떻게 맞이하는지, 어떻게 날아오르는지, 얼마나 간절하게 하루하루를 살아가는지 섬세하게 관찰하여 고스란히 담아낸 책이야.

Video

◇ **뇌 속에 혀가? 경이로운 딱따구리 뇌구조 공개!**

딱따구리의 머릿속 구조 등 딱따구리의 특징을 과학적으로 설명한 영상이야.

◇ **벽에서 쏟아진 도토리, 자그마치 317kg… 범인은 '딱따구리'**

기사 속 이야기를 담은 영상이야. 벽에서 도토리가 쏟아져 나오는 모습을 볼 수 있어.

| 날짜 | 년 | 월 | 일 |

동물원을 탈출한 얼룩말, 세로

2023년 3월 23일, 서울어린이대공원에서 얼룩말 한 마리가 울타리를 부수고 탈출해 화제가 되었습니다. '세로'라는 이름의 이 얼룩말은 3시간 넘게 근처 도로와 주택가를 활보했습니다. 난데없는 얼룩말의 등장에 놀란 주민들은 신고를 했고, 경찰과 소방대원들은 생포 작전을 펼쳤습니다. 세로가 골목길에 들어서자 안전 펜스를 세운 후 함께 출동한 동물원 관계자가 세로를 마취해 동물원으로 돌려보냈습니다.

세로는 2021년 엄마 '루루'가 세상을 떠난 후, 재작년인 2022년에 아빠 '가로'도 연이어 잃었습니다. 그 후 집에도 잘 들어가지 않고 캥거루와 싸우는 등 말썽을 일으켰다고 합니다. 동물원으로 돌아간 세로는 이틀 동안 먹이를 제대로 먹지 못하고 불안정한 모습을 보였지만 시간이 지나 안정을 되찾았습니다. 한편 세로가 탈출할 때 부서진 나무 울타리는 철제 울타리로 바꾸고, 높이를 2.1m로 높여 설치했습니다. 2024년에는 새로운 친구도 생길 예정입니다. 허호정 어린이대공원 사육사는 "야생동물과 마주치면 가까이 다가가지 말고 가만히 멈춰 서 있기만 해도 큰일은 발생하지 않을 것"이라고 말했습니다.

ⓒ SNS

모르는 낱말 적기 — 활동을 끝낸 뒤, 알게 된 낱말에 ○표 해보자!

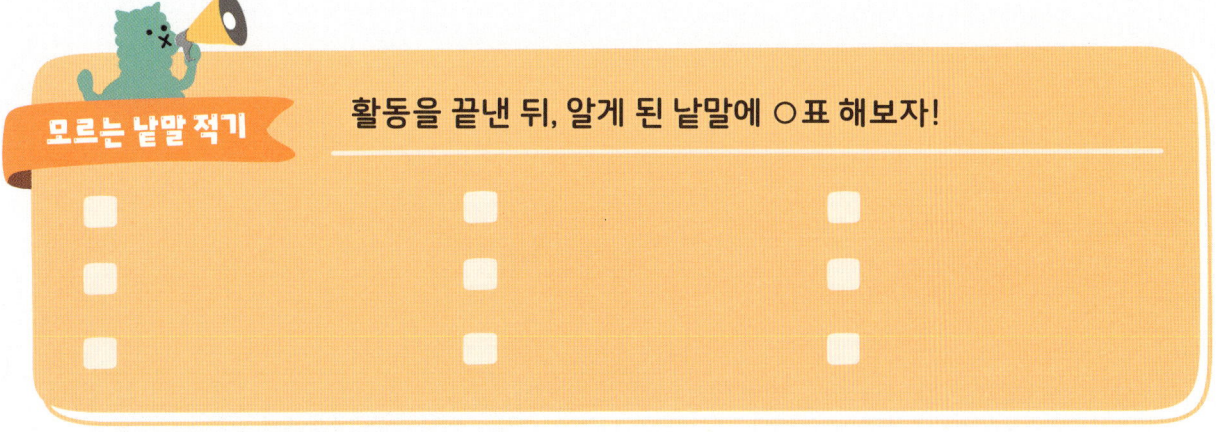

◆ 소리내어 읽었나요? ✓

쉬움 ⟵⟶ 어려움

배우기

1 얼룩말

✧ 얼룩말은 검은색 줄무늬가 있는 것이 특징이야.
머리가 큰 편이고 갈기가 빳빳하게 서 있지.
풀을 먹고 살고 눈이 머리 옆에 있어서 사방을 잘 살필 수 있어.
얼룩말 무늬를 색칠해볼래?

2 세로 친구

✧ 동물원에 다시 돌아간 세로의 모습이야.
외로워 보이는 세로에게 친구가 생긴다면
좋겠지? 세로에게 친구가 생긴다면
어떤 이름이 좋을지 네가 지어줘.

⇨

3 작년/재작년

✧ '작년'은 '지난해'를 뜻하는 말이야.
'재작년'의 '재'는 '재차'나 '거듭', '다시'라는 뜻을 가지고 있어. '지난해의 바로 전 해'를 뜻해.

✧ 2024년 기준으로 재작년은 몇 년도일까? ⇨ ☐

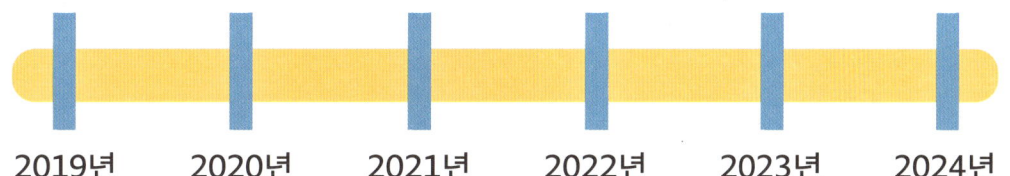

4 난데없다

✧ 갑자기 불쑥 나타나 어디서 왔는지 알 수 없는 상황을 말할 때 '난데없다'라고 해.

그렇다면 기사에서 말한 '난데없는 얼룩말의 등장'은 무엇을 뜻하는 것일까?

⇨ ☐

✧ '난데없는'을 넣어 너만의 문장 하나를 만들어볼래?

⇨ ☐

써보기

단어장

화제
話 말할 화 題 제목 제
이야기할 만한 재료나 소재

활보
闊 넓을 활 步 걸음 보
큰 걸음으로 힘차게 당당하게 걷고 행동하거나 제멋대로 마구 행동함

생포
生 날 생 捕 사로잡을 포
산 채로 잡음

펜스
fence
울타리

마취
痲 저릴 마 醉 취할 취
약물 등을 이용하여 얼마 동안 의식이나 감각을 잃게 함

 이번 뉴스는 어떤 내용을 담고 있니? 짧게 써볼래?

얼룩말 세로는 어떤 생각을 가지고 동물원을 탈출한 것일까?

동물원을 탈출한 야생동물과 마주친다면 어떻게 행동해야 할까?

다시 동물원으로 돌아온 세로에게 해주고 싶은 말이 있니?

더 알아보기

Book

◇ **내 집은 어디지?**

김예린 글·그림 | 바다쓰기 | 42쪽 | 무료

동물원 탈출 소동으로 화제를 모은 얼룩말 세로의 이야기를 그림책으로 엮었어. https://upaper.kr (유페이퍼) 사이트에서 회원가입 후 무료로 볼 수 있어.
저자 김예린은 평소 예술을 통해 환경보호를 실천하겠다는 의지로 환경예술 교육단체 '크래프트래쉬(craftrash)'를 공동운영하던 고3 학생이라고 해.

Video

◇ **나, 세로 친구 캥거루 나도 할 말이 있다루!**

세로가 동물원으로 돌아간 이후 어떻게 지내는지 알려주는 영상이야.

◇ **얼룩말은 왜 얼룩무늬를 지니게 된 걸까?**

얼룩말의 특징을 재미있고 자세하게 설명한 영상이야.

18. 김치의 맛을 결정짓는 옹기의 비밀

우리나라 전통 음식인 김치 맛의 비결을 과학적인 실험으로 밝혀낸 논문이 주목을 받았습니다. 2023년 4월, 미국 조지아 공과대학 연구팀은 '김치는 흙으로 만든 옹기에 보관될 때 더 맛있다'는 실험 결과를 발표했습니다. 연구팀은 김치를 보관하는 한국 전통 그릇인 '옹기'에 주목했습니다. 전자현미경과 컴퓨터 단층촬영을 통해 옹기 벽에 나 있는 아주 작은 크기의 구멍을 측정했고, 이를 통해 옹기가 숨을 쉰다는 사실을 밝혀냈습니다. 김치가 발효될 때 이산화탄소가 발생하는데, 이 중 일부가 구멍을 통해 옹기 바깥으로 배출되어 유산균이 잘 번식할 수 있는 환경이 만들어진다고 합니다. 또 발효 과정에서 소금물이 옹기 벽을 통과해 옹기 바깥에 '소금 꽃'을 피우는 현상도 관찰되었습니다.

김치는 건강에 좋은 박테리아인 유산균이 풍부해서 이미 전 세계에 '슈퍼푸드'로 알려져 있습니다. 이 소식을 전한 미국의 유명 신문사 워싱턴포스트는 "옹기는 부피가 크고 무거우며 잘 깨지기 때문에 요즘에는 잘 이용하지 않고 대신 김치냉장고에 김치를 보관한다"라고 설명했습니다. 또한 이 기사에서는 우리말 발음 그대로 김치를 'kimchi', 옹기를 'onggi'로 표기했습니다.

ⓒ pixabay

모르는 낱말 적기 — 활동을 끝낸 뒤, 알게 된 낱말에 ○표 해보자!

✧ 소리내어 읽었나요? ☑ 쉬움 ←→ 어려움

# 배우기

1 김치

♦ '김치'는 한국의 전통 발효식품이야.
일반적으로 '김치'라고 하면 '배추김치'를 말해.

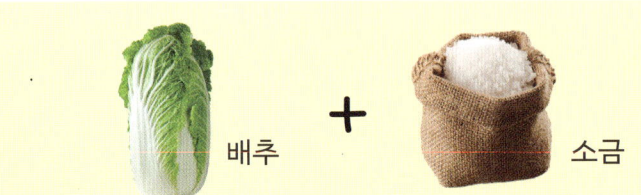

배추를 소금에 절이는 과정에서 삼투작용이 일어남(채소에서 수분이 빠짐)

다양한 김치소 재료

발효되는 과정에서 유산균 발생
(미생물과 효소의 작용으로 발효되고 숙성)

술괼발 | 삭힐효

미생물이나 효소의 작용에 의해 음식물이나 음료가 변화하는 과정을 '발효'라고 해.

2 옹기

◆ '옹기'는 도자기나 청자 등을 빚는 흙으로 만들어.
흙은 바람이 잘 통하고, 수분을 조절해주지.
그렇기 때문에 김치는 옹기 안에서 발효가 잘 된단다.
옹기를 한번 색칠해볼래?

3 김치의 효능

◆ '슈퍼푸드(super food)'는 영양가가 풍부해서 건강에 도움을 주는 식품을 말해.
김치는 왜 슈퍼푸드일까?
사다리를 타고 내려가서 나온 숫자를 아래 박스에서 찾아 읽어봐!

1	조금만 먹어도 배가 부르고, 지방이 쌓이는 걸 막아줌
2	김치에 들어가는 마늘, 생강에 있는 성분이 암을 막아줌
3	김치에 들어가는 고추와 마늘에 있는 성분이 혈관 질환을 막아줌
4	면역세포를 활발하게 해줌
5	세포가 늙어가는 것을 막아줌
6	음식물의 소화와 흡수를 도와줌

써보기

단어장

논문
論 논할 론(논) 文 글월 문
어떤 것에 관해 체계적으로 자기 의견이나 주장을 적은 글

측정
測 헤아릴 측 定 정할 정
일정한 양을 기준으로 같은 종류의 다른 양의 크기를 잼

배출
排 밀칠 배 出 날 출
안에서 밖으로 밀어 내보냄

번식
繁 많을 번 殖 번성할 식
붇고 늘어서 많이 퍼짐

박테리아
bacteria
눈으로는 볼 수 없는 가장 미세한 생물체. 다른 생물체에 기생해 병을 일으키거나 발효, 부패 작용을 함

 이번 뉴스는 어떤 내용을 담고 있니? 짧게 써볼래?

김치에는 다양한 재료가 들어가고
만드는 과정도 꽤 복잡해.
정성이 들어간 만큼
맛이 좋아지지.

김치나 김치로 만든 요리를
먹어본 적이 있니?
그 맛이 어땠는지
구체적으로 적어볼래?

요즘 사람들도 옹기를 편하게
사용하려면
어떻게 하면 좋을까?

김치는 건강에 좋은 슈퍼푸드라고 했지?
먹고 나면 힘이 솟는 너만의 슈퍼푸드는 뭐야?

더 알아보기

Book

◇ **어린이를 위한 한국의 김치 이야기**

이영란 글 | 강효숙 그림 | 풀과바람 | 140쪽 | 12,000원

김치의 역사를 비롯하여 김치의 재료, 영양 성분, 발효 과학의 비밀 등을 알 수 있는 책이야.

Video

◇ **김치, 오래 두어도 썩지 않는 이유**

김치의 발효 원리를 설명한 영상이야. 발효 과정 중에 어떤 물질들이 만들어지는지 알 수 있어.

◇ **숨쉬는 항아리, 옹기 속에 담긴 과학**

발효에 효과적인 숨쉬는 항아리, 옹기를 설명한 영상이야.

19. 어느 아메리카흑곰의 최후

날짜   년   월   일

2023년 미국 콜로라도주 야생동물관리국이 텔루라이드시 강변 산책로에 아픈 곰이 있다는 신고를 받고 출동했습니다. 구조대는 그곳에서 수컷 아메리카흑곰 한 마리를 구조했습니다. 이 곰은 텔루라이드시에서 꽤 '유명한' 곰이었습니다. 공공장소에 들어가서 쫓겨나거나 주택가에서 어슬렁거리다 도망치기도 했습니다.

발견 당시 곰은 제대로 움직이지 못하고 열이 나는 상태였습니다. 눈은 잔뜩 부어 있었고, 눈과 입 주변은 눈물과 침 같은 분비물로 범벅이 되어 있었습니다. 야생동물관리국은 이 곰이 심각한 복통으로 고통 받고 있다고 판단했고, 안전을 위해 안락사시켰습니다.

이튿날 곰을 부검한 결과, 곰의 위와 창자를 연결하는 부위가 온갖 쓰레기로 막혀 있었습니다. 먹이를 찾기 위해 주택가로 내려와 쓰레기통을 뒤지던 곰이 음식물과 함께 버려진 물티슈, 종이 타월, 비닐봉지 등을 삼킨 것입니다. 이 쓰레기들 때문에 음식물이 위 속에서 부패하였고, 그 결과 곰은 세균에 감염되었습니다. 야생동물관리국은 이런 사건이 되풀이되지 않도록 음식물 쓰레기 분리수거를 철저히 하고 음식물 쓰레기통에 자물쇠를 채울 것을 당부했습니다.

ⓒ 콜로라도 야생동물관리국

모르는 낱말 적기 — 활동을 끝낸 뒤, 알게 된 낱말에 ○표 해보자!

◇ 소리내어 읽었나요? ✓

쉬움 ←→ 어려움

배우기

1 미국 콜로라도주

✧ 미국은 현재 50개의 주로 나뉘어져 있어.

콜로라도는 미국의 중서부에 위치한 주 중 하나야.
아름다운 자연 경치와 다양한 관광지로 유명하지.
산악 지대와 평원 지대가 만나는 지역이기도 한데, 특히 산악 지역에는
높은 산봉우리와 국립공원 등이 있어 관광객들에게 매우 인기가 있대.

2 아메리카흑곰

✧ 기사 속에서 곰이 발견되었을 당시
상태가 어땠는지 찾아봐.
그때 곰의 얼굴을 상상해서 그려볼래?

3 부검

◇ 죽은 이유를 밝히기 위해 해부하여 검사하는 일을 '부검'이라고 해.
아래 사진은 죽은 곰의 배 속에서 나온 것들을 찍은 거야. 무엇이 보이는지 써보자.

 ⇨

4 복통

◇ '통'은 아프다는 뜻을 가진 한자어야. '복통'은 배가 아픈 것을 말해.

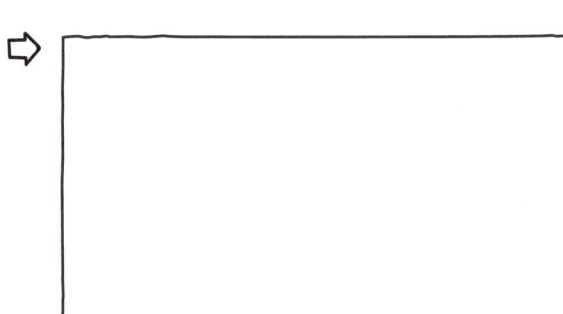

◇ 그렇다면 다음 낱말은 어디가 아픈 것을 이르는 말일까?

 + 통 •   •  머리가 아픔

 + 통 •   • 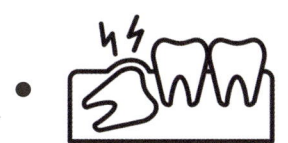 치아가 아픔

써보기

단어장

분비물
分 나눌 분 泌 분비할 비 物 물건 물
분비샘에서 나오는 물질

안락사
安 편안할 안 樂 즐길 락 死 죽을 사
고칠 수 없는 병을 가진 환자에 대하여, 본인 또는 가족의 요구에 따라 고통이 적은 방법으로 생명을 단축하는 행위

부패
腐 썩을 부 敗 패할 패
단백질이나 지방 등의 유기물이 미생물의 작용에 의해 분해되는 과정

감염
感 느낄 감 染 물들 염
병원체인 미생물이 동물이나 식물의 몸 안에 들어가 증식하는 일

당부
當 마땅할 당 付 줄 부
말로 단단히 부탁함

 이번 뉴스는 어떤 내용을 담고 있니? 짧게 써볼래?

**곰이 배가 아파서
고통스러울 때 무슨 생각을 했을까?**

**야생동물이 많이 사는 곳에서
우리가 하지 말아야 할
행동들을 적어볼까?**

**안락사 말고
이 곰을 살릴 수 있는
다른 방법은 없었을까?**

더 알아보기

Book

◇ **동물도 행복할 권리가 있을까?**
올라 볼다인스카-프워친스카 글 | 김영화 옮김 | 우리학교 | 80쪽 | 14,800원

우리가 잘 알지 못했던 동물들의 신기하고 재미난 이야기, 우리가 관심을 기울여야 할 동물들의 권리에 대한 서른여섯 가지 이야기를 담은 그림책이야.

Video

◇ **주택가 돌며 무단 침입 대형 흑곰… 수배 1년 반 만에 잡혔다**

20채가 넘는 집에 침입했던 흑곰을 1년 반 만에 잡게 된 이야기를 담은 영상이야.

◇ **야생동물을 만났을 때 살아남는 생존법 7가지**

위험한 야생동물을 만났을 때 대처하는 방법을 알려주는 영상이야.

가로수를 함부로 베지 마세요!

2023년 스페인 마드리드주 정부는 지하철역 주변에 있는 나무 200그루를 벌목할 예정이라고 발표했습니다. 지하철 3호선 역인 '팔로스 데 라 프론테라 역'에 11호선을 연결하는 확장 공사를 준비하기 위해서입니다. 그러자 2,000명에 달하는 마드리드 시민들이 항의하며 반대 시위를 벌였습니다. 시민들은 2시간 동안 시내를 행진하며 "지하철은 찬성하지만 벌목은 반대한다"라는 구호를 외쳤습니다. 시위를 이끈 마드리드주민협회 대표 키케 빌랄로보스는 "우리는 지구온난화와 기후 위기로부터 사람들을 보호하기 위해 벌목을 반대합니다. 나무 그늘이 있는 쾌적하고 건강한 도시를 원합니다"라고 말하며 정부를 비판했습니다. 2022년에도 마드리드주 정부는 지하철 확장 공사를 이유로 1,000그루의 나무를 벌목할 예정이라고 밝혀 논란이 일어났습니다. 이 계획이 발표되자 마드리드 시민 5만 명이 벌목 반대 서명을 했습니다.

시민들이 벌목을 반대하는 이유는 한 그루의 나무가 자라는 데 몇십 년의 세월이 걸리기 때문입니다. 또, 가로수도 시민의 세금이 들어간 소중한 자원이므로 나무를 함부로 베어내는 정책에 결코 찬성할 수 없다는 의견도 있습니다.

ⓒ 트위터 @qqvillalobos

 # 배우기

1 스페인

✧ '스페인'은 유럽 대륙의 남서쪽에 있는 나라야.
1년 내내 햇볕이 따사롭고 산과 바다 등 다양한 경치를 자랑해. 토마토, 올리브, 포도 등이 유명하지. 전통 춤인 플라멩코나 가우디의 건축물 등 아름다운 예술과 문화도 많이 발전했지. 인터넷에서 스페인의 수도를 검색해서 써봐!

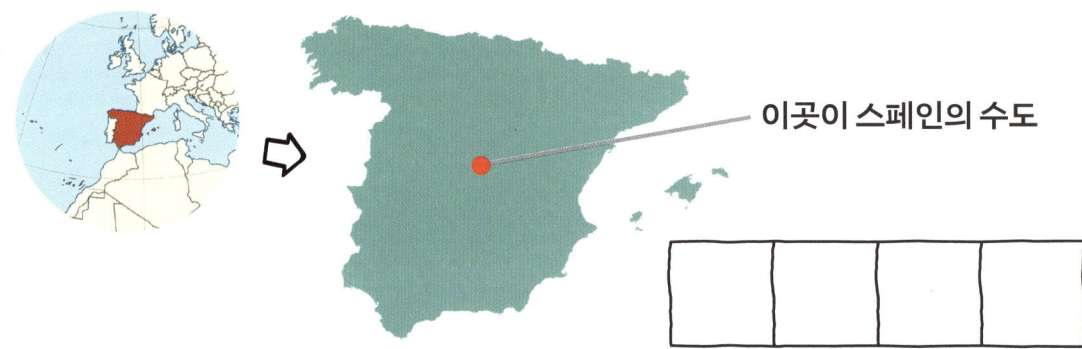

이곳이 스페인의 수도

2 벌목

伐	木
칠벌	나무목

✧ 나무를 자르는 활동을 '벌목'이라고 해.
대체로 집을 짓거나 가구를 만드는 등 나무로 무언가를 만들기 위해 벌목을 해.

3 그루

◆ '그루'는 나무의 수를 세는 단위야.
무엇을 세는지에 따라 사용하는 단위 이름이 다르단다.
알맞은 단위 이름을 찾아 사다리를 타볼래?

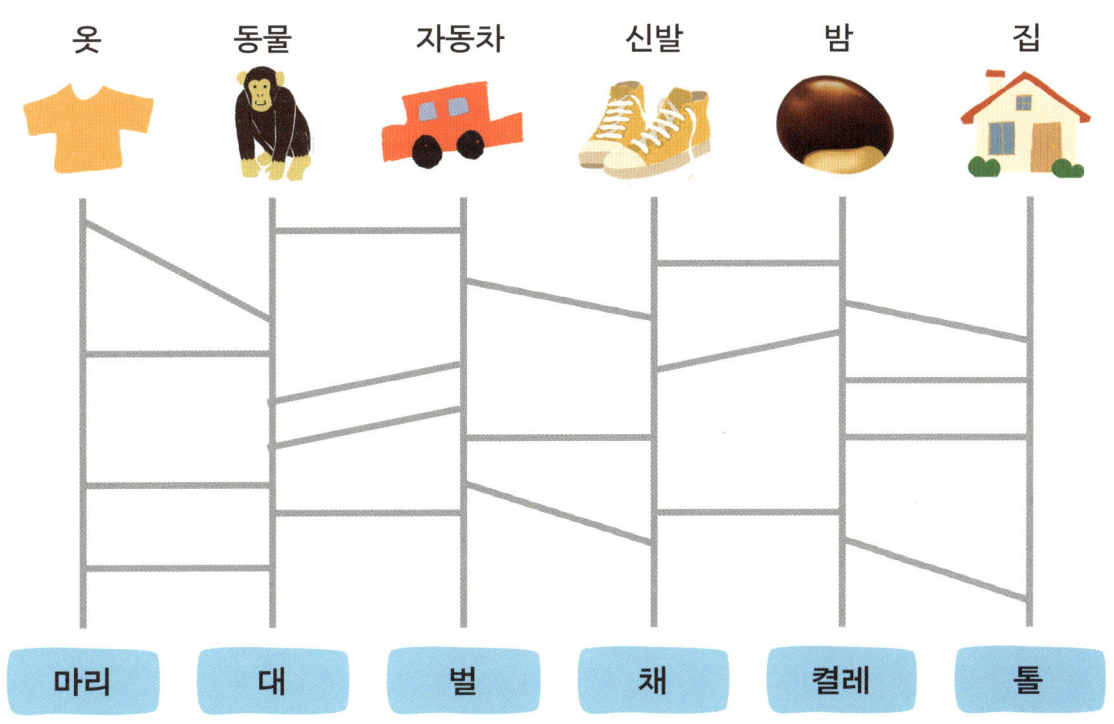

4 기사 읽기

◆ 신문 기사를 다시 읽으며 빈칸에 들어갈 숫자나 내용을 써보자!

마드리드주 정부는
지하철 ☐ 호선과 ☐ 호선을
연결하는 확장 공사를 준비해.

⇨ 그래서 역 주변에 자라고 있는
나무 ☐ 그루를
베어낼 거래.

☐ 명에 달하는
마드리드 시민들이 ☐ 시간 동안
행진을 하며 시위를 했대.

⇨ 그들은 이런 구호를 외쳤어.
☐

써보기

단어장

확장
擴 넓힐 확 張 베풀 장
범위, 규모, 세력 등을 늘려서 넓힘

항의
抗 겨룰 항 議 의논할 의
못마땅한 생각이나 반대의 뜻을 주장함

시위
示 보일 시 威 위엄 위
많은 사람이 공공연하게 의사를 표시하여 집회나 행진을 하며 위력을 나타내는 일

행진
行 다닐 행 進 나아갈 진
줄을 지어 앞으로 나아감

쾌적
快 쾌할 쾌 適 맞을 적
기분이 상쾌하고 즐거움

서명
署 마을 서 名 이름 명
자기의 이름을 써넣음

 이번 뉴스는 어떤 내용을 담고 있니? 짧게 써볼래?

마드리드 시민들은 왜 반대 시위를 벌였니?

나무를 베지 않고
지하철 공사를 할 수 있는 방법은 없을까?

만약 네가
마드리드 시민이라면
어떤 구호를 외치고 싶어?

더 알아보기

Book

◇ **올레, 스페인**
모니카 비엔-쾨니히스만 글 | 마리아 덱 그림 | 이지원 옮김 | 풀빛 | 168쪽 | 14,000원

스페인의 다채로운 축제와 음식 그리고 예술 이야기를 담은 그림책이야.

Video

◇ **초대형 무적함대의 '스페인 제국'은 어떻게 흥하고 망했을까?**

유튜브 채널 : 쏨작가의지식사전

파란만장한 스페인의 역사를 잘 정리한 영상이야.

◇ **베어지고 훼손되고… 가로수 보호 조례 개정 촉구**

유튜브 채널 : KBS충북

우리나라의 가로수가 잘 보호되고 있는지 알아본 영상이야.

날짜   년   월   일

21 푸바오에게 쌍둥이 동생이 생겼어요

경기도 용인 에버랜드의 인기 스타 '푸바오'에게 쌍둥이 동생이 생겼습니다. 푸바오는 2020년 7월, 에버랜드 판다월드에서 생활하는 '러바오'와 '아이바오' 사이에서 태어났습니다. 푸바오의 쌍둥이 동생 '루이바오'와 '후이바오'는 2023년 7월 7일 한국에서 태어난 최초의 쌍둥이 판다 자매입니다.

태어날 당시 쌍둥이 언니 루이바오는 180그램, 막내 후이바오는 140그램이었습니다. 맏언니 푸바오는 현재 몸무게가 100킬로그램이 넘지만 태어날 때는 197그램이었습니다. 쌍둥이 자매는 건강하게 자라 판다월드의 새로운 귀염둥이로 떠오르고 있습니다. 강철원 사육사는 아이바오가 말썽꾸러기 쌍둥이를 돌보면서 육아에 전념하고 있다고 전하며 "루이바오는 조용하고 얌전한 스타일, 후이바오는 성격이 활달하고 거친 스타일"이라고 말했습니다.

판다는 가임기가 1년에 봄철 단 한 번, 1~3일밖에 되지 않아 자연 임신이 어려운 동물입니다. 또 현재 개체 수가 크게 줄어 멸종 취약종으로 분류됩니다. 한편, 푸바오는 중국과의 협약에 따라 2024년 4월 판다 서식지인 중국으로 돌아갑니다. 에버랜드에는 마지막으로 푸바오를 보려는 사람들이 몰려들었습니다.

ⓒ 에버랜드

모르는 낱말 적기   활동을 끝낸 뒤, 알게 된 낱말에 ○표 해보자!

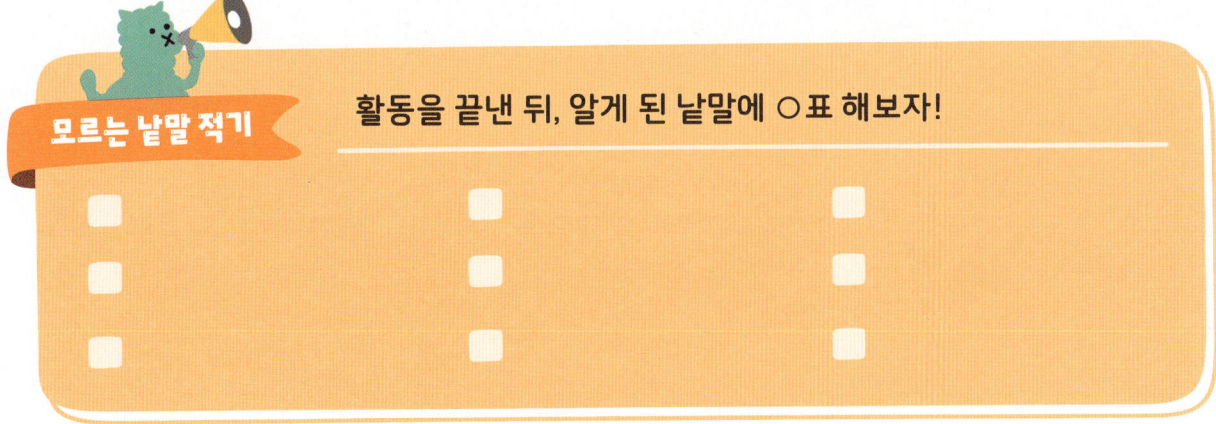

◆ 소리내어 읽었나요?   쉬움 ←→ 어려움

배우기

1 판다

✧ 아래 푸바오 사진을 보고 판다 그림을 색칠해볼래?

2 판다 가족들

✧ 신문기사를 잘 읽고 푸바오네 가족 이름을 적어봐.

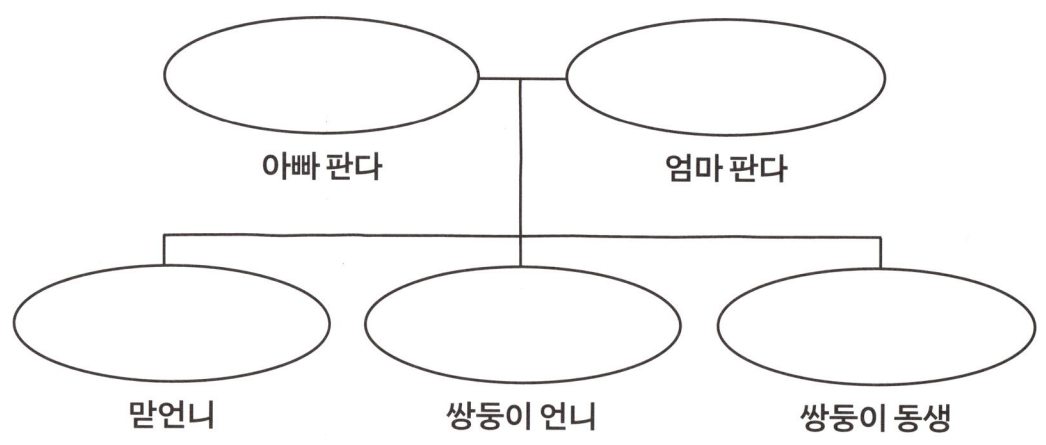

아빠 판다   엄마 판다

맏언니   쌍둥이 언니   쌍둥이 동생

✧ 쌍둥이 판다의 이름은 총 70만 명의 국민 투표로 결정됐대.
각 이름이 무슨 뜻인지 인터넷 검색을 해서 찾아볼래?

루이바오 ⇨ [　　　　　]   후이바오 ⇨ [　　　　　]

3 그램(g) / 킬로그램(Kg)

✧ '그램'과 '킬로그램'은 무게를 잴 때 사용하는 단위야. 기호로 쓸 때는 아래와 같아.

| 그램 ⇨ g | 킬로그램 ⇨ kg |

1킬로그램(kg) = 1,000그램(g)

> 1킬로그램은 1,000그램과 같아.
> 킬로그램을 그램으로 바꿀 때는
> 1,000을 곱하면 돼.

✧ 푸바오가 태어날 당시 몇 그램이었지?

⇨ [　　　] 그램

✧ 푸바오는 현재 103킬로그램이래. 현재 몸무게를 그램으로 바꿔볼까?

⇨ [　　　] 그램

✧ 넌 태어날 당시 몇 킬로그램이었니? (부모님께 여쭤보고 써볼래?)

⇨ [　　　] 킬로그램

4 임신 / 가임기

妊 娠
임신할 임 | 아이 밸 신

可 妊 期
옳을 가 | 임신할 임 | 기약할 기

✧ '임신'은 사람이 배 속에 아이를 가지거나 동물이 배 속에 새끼를 가진 것을 뜻하는 말이야. 다시 말해 엄마의 배 속에 새로운 생명이 자라고 있는 거지.

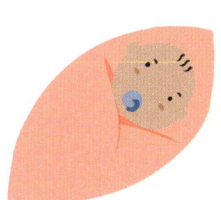

사람을 포함한 암컷 동물들은 임신을 할 수 있는 기간이 정해져 있어. 그 기간을 '가임기'라고 한단다.

✧ 판다의 가임기는 1년 중 얼마나 될까? 기사 속에서 답을 찾아봐! ⇨ [　　　]

써보기

단어장

에버랜드 판다월드
에버랜드에서 판다를 볼 수 있는 곳

전념
專 오로지 전 念 생각할 념
오직 한 가지 일에만 마음을 씀

멸종
滅 멸할 멸 種 씨 종
생물의 한 종류가 완전히 없어짐

협약
協 도울 협 約 맺을 약
협상에 의해 조약을 맺음

서식지
棲 깃들일 서 息 숨쉴 식 地 땅 지
생물 등이 일정한 곳에 자리를 잡고 사는 곳

 이번 뉴스는 어떤 내용을 담고 있니? 짧게 써볼래?

쌍둥이 동생이 생긴 푸바오에게
어떤 말을 해주고 싶니?

엄마 판다인 아이바오는
쌍둥이 아기 판다들을
능숙하게 보살폈대.

어떻게 보살폈을까?
상상해서 써볼래?

판다가 멸종 취약종에서
벗어나려면 어떻게 해야 할까?

더 알아보기

Book

◆ **푸바오, 언제나 사랑해**

에버랜드 동물원 글·사진 | 시공주니어 | 180쪽 | 23,000원

푸바오가 한국에서 보낸 마지막 1년을 담은 사진집이야.

Video

◆ **푸바오의 탄생 비하인드부터 육아 이야기까지**

푸바오의 탄생 비하인드 스토리부터 육아 이야기까지 담겨 있는 판다월드 사육사 강철원 님의 인터뷰 영상이야.

◆ **EP.3 하얀 솜털이 자랐어요**

푸바오의 쌍둥이 동생들이 막 태어나 자라던 때의 모습을 담은 영상이야.

22. 이젠 장마가 아니라 우기라고요?

우리나라 장마철에 주로 보이던 특징이 점점 사라지고 있습니다. 이에 따라 '장마'라는 표현을 재검토해야 한다는 목소리도 높아지고 있습니다. 우리나라는 여름철 정체전선의 영향으로 6월 말~7월 말에 여러 날 계속해서 내리는 비를 '장마'라고 불러 왔습니다. 그런데 최근에는 비의 모습이 바뀌었습니다. 비가 지속적으로 내리지 않고, 갑작스럽게 폭우가 내렸다가 폭염이 찾아오는 패턴입니다.

이러한 강수 변화가 일어나게 된 것은 지구온난화 때문입니다. 빙하가 녹고 해수면 온도가 올라가면서 지구의 전반적인 기후가 변하게 되었습니다. 실제로 최근 몇 년 간 장마가 끝난 뒤에도 장마철보다 더 많은 비가 내리고 있습니다. '스콜(열대성 소나기)'과 비슷한 게 릴라성 호우가 자주 내리는 것도 이 때문입니다. 사계절이 뚜렷했던 대한민국의 날씨가 아열대 기후로 변해 가고 있는 것입니다.

학계에서는 이제 장마 대신 '비가 많이 오는 시기'라는 뜻의 '우기'라는 표현을 써야 하지 않느냐는 의견이 있습니다. 또한 장마라는 단어를 사용하기보다 객관적인 정보인 강수량과 강수 기간만 예보해야 한다는 의견도 나옵니다.

ⓒ pixabay

모르는 낱말 적기 — 활동을 끝낸 뒤, 알게 된 낱말에 ○표 해보자!

◇ 소리내어 읽었나요? ✓   쉬움 ←→ 어려움

# 배우기

1 정체전선

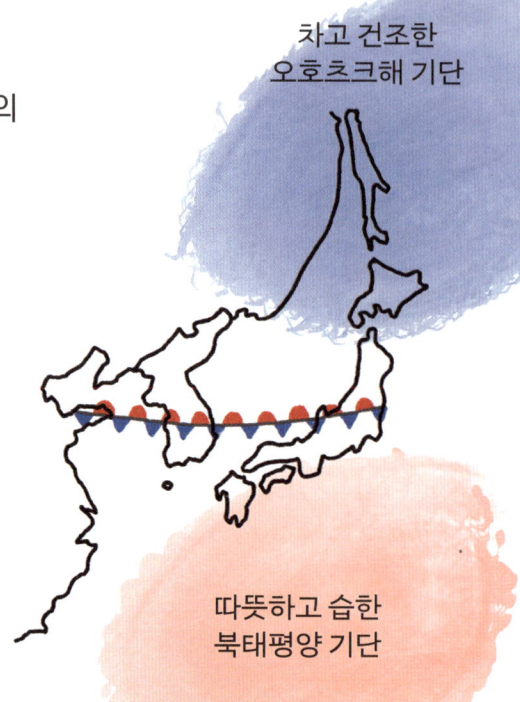

차고 건조한
오호츠크해 기단

따뜻하고 습한
북태평양 기단

✧ 공기 덩어리를 '기단'이라고 해. 서로 다른 성질의
두 기단이 충돌하면 '전선'이 만들어지지.

한 자리에 머물러 있는 걸 '정체'라고 하거든.
위 그림이 정체전선을 의미하는 거야.

✧ 오른쪽 그림에서
비가 내리고 있는 곳을 표시해볼래?

2 스콜

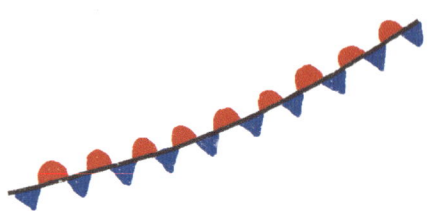

✧ '스콜'은 짧은 기간 동안 갑자기 쏟아붓는 비야.
강한 바람과 천둥, 번개 등이 함께 나타나기도 해.
열대 기후에서 나타나는 현상이지.
그래서 '열대성 소나기'라고도 불러.

✧ 열대 기후는 일 년 내내 덥고 습한 기후야.
주로 적도 주변 지역에서 나타나지.
'적도'는 지구의 남극과 북극에서 같은 거리에 있는
지구 표면의 점을 이은 선을 말해.
오른쪽 그림에서 적도를 나타내는 선은 무엇일까?

3 비 우

✧ 문자가 없던 시절에 사람들은 어떻게 '비'를 표현했을까?
시커먼 먹구름에서 떨어지는 빗방울을 그려서 표현했대.
그 그림이 점점 바뀌어 우리가 아는 한자 '비 우'가 되었단다.

✧ '비 우'는 날씨와 관련 있는 단어에 많이 들어가.
한자를 보고 각 단어의 뜻을 찾아 선을 이어봐.

雨(비 우) + 期(기약할 기) = 우기 •   • 사납게 내리는 비

暴(사나울 폭) + 雨(비 우) = 폭우 •   • 계속해서 내리는 비
(줄기차게 내리는 비)

豪(호걸 호) + 雨(비 우) = 호우 •   • 일 년 중 비가 많이 내리는 기간

써보기

단어장

재검토
再 다시 재 檢 검사할 검 討 칠 토
한 번 검토한 것을 다시 검토함

폭염
暴 사나울 폭 炎 불꽃 염
매우 심한 더위

게릴라
Guerrilla
시간과 장소에 구애받지 않고 예고 없이 진행하는 것을 비유하는 말

아열대 기후
亞 버금 아 熱 더울 열 帶 띠 대
氣 기운 기 候 기후 후
열대와 온대 사이의 기후. 적도에서 조금 더 떨어진 지역의 기후를 말함

학계
學 배울 학 界 지경 계
학문 연구 및 저술에 종사하는 학자들의 활동 분야

예보
豫 미리 예 報 알릴 보
앞으로 일어날 일을 미리 알림

 이번 뉴스는 어떤 내용을 담고 있니? 짧게 써볼래?

폭우가 쏟아지는 걸
본 적이 있니?
비가 많이 내리는 걸 보면
넌 어떤 생각이 들어?

'장마'와 '우기'의 차이점에 대해
이해한 내용을 써볼래?

우리나라에 폭우와 폭염이 계속되면
어떤 일들이 일어날까?

더 알아보기

Book

◇ **척척박사 우드척이 들려주는 기후와 날씨**

로지 쿠퍼 글 | 해리엇 러셀 그림 | 우순교 옮김 | 북극곰 |
64쪽 | 15,000원

기후와 날씨에 대한 놀랍고 신기한 사실들을 쉽고 재미있게 알려주는 논픽션 그림책이야.

Video

◇ **장마란 무엇일까?**

유튜브 채널 : YTN 사이언스

장마가 생기는 이유를 쉽게 설명한 영상이야.

◇ **폭우로 인한 침수 상황시 대처 방법은?**

유튜브 채널 : 행정안전부

폭우로 인해 침수가 일어나면 어떻게 해야 하는지 상황별 대응 요령을 담은 영상이야.

23. 피자, 햄버거 광고를 금지한다고?

2023년 호주에서 어린이들의 비만을 막기 위해 햄버거나 피자 등의 정크 푸드(junk food) 광고를 시간대별로 금지하자는 법안이 나왔습니다. 정크 푸드란 패스트푸드와 인스턴트식품처럼 열량이 높은 데 비해 필수 영양소가 부족한 식품을 말합니다. 햄버거, 피자를 비롯해 과자류, 아이스크림, 소시지, 기름에 튀긴 소고기와 닭고기, 생선 등이 정크 푸드에 해당합니다.

법안을 낸 소피 스캠스 의원은 의사 출신으로, 오전 6시부터 오후 9시 30분까지 TV와 라디오 등에서 정크 푸드 광고를 금지해야 한다고 주장했습니다. 또 소셜미디어(SNS)나 인터넷에는 아예 정크 푸드 광고를 하지 못하도록 제안했습니다.

스캠스 의원은 호주의 심각한 소아 비만을 해결하기 위한 조치가 필요하다고 주장합니다. 조사에 따르면 호주 어린이의 25퍼센트가 과체중 또는 비만입니다. 호주에서는 소아 비만을 예방하기 위해 매년 118억 달러(우리 돈으로 약 10조 원)의 예산을 쓰고 있습니다. 스캠스 의원은 "아이들은 매년 TV에서 800개 이상의 정크 푸드 광고를 보고 있다. 이런 광고들은 소아 비만과 직접적인 관련이 있다"라고 밝혔습니다.

© pixabay

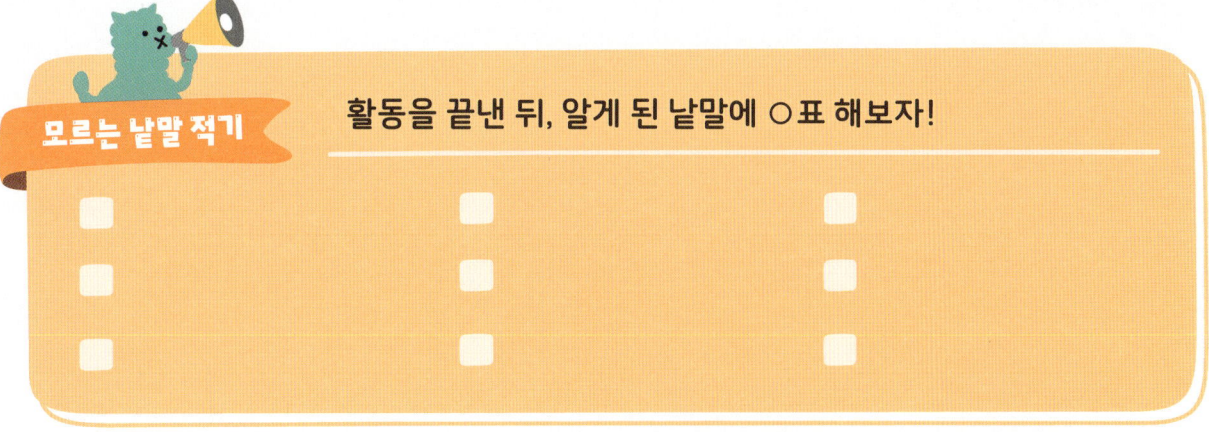

모르는 낱말 적기 | 활동을 끝낸 뒤, 알게 된 낱말에 ○표 해보자!

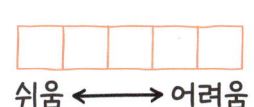

◆ 소리내어 읽었나요? ✓

쉬움 ← → 어려움

배우기

1 호주

✧ 우리나라에서는 '오스트레일리아 (Australia)'를 '호주'라고 불러. 인터넷으로 호주 국기를 찾아본 후 색칠해볼래?

✧ 넌 호주의 수도가 어디인지 알고 있니? 모른다면 검색해서 이름을 써봐. 위치도 지도에 표시해볼래?

호주의 수도 ☐☐☐

2 정크 푸드

✧ 아래에서 '정크 푸드'에 해당하는 음식을 모두 찾아 ○표 해봐.

대형 프랜차이즈 햄버거 / 대형 프랜차이즈 감자튀김 / 엄마가 싸준 김밥 / 학교 급식

패스트푸드점 피자 / 기름에 튀긴 프라이드 치킨

정리하자면 영양가가 낮고 칼로리가 높은 음식이 정크 푸드야. 가끔 먹는 건 괜찮겠지만, 자주 먹으면 건강에 해로워. 비만, 당뇨병, 심혈관 질환 등 건강 문제를 일으킬 수 있단다.

3 필수 영양소

◇ 우리 몸이 건강하게 성장하고 기능을 유지하기 위해 반드시 섭취해야 하는 영양소를 '필수 영양소'라고 해. 사다리를 타고 내려가서 각 영양소의 역할과 이 영양소가 들어 있는 음식들을 알아보자.

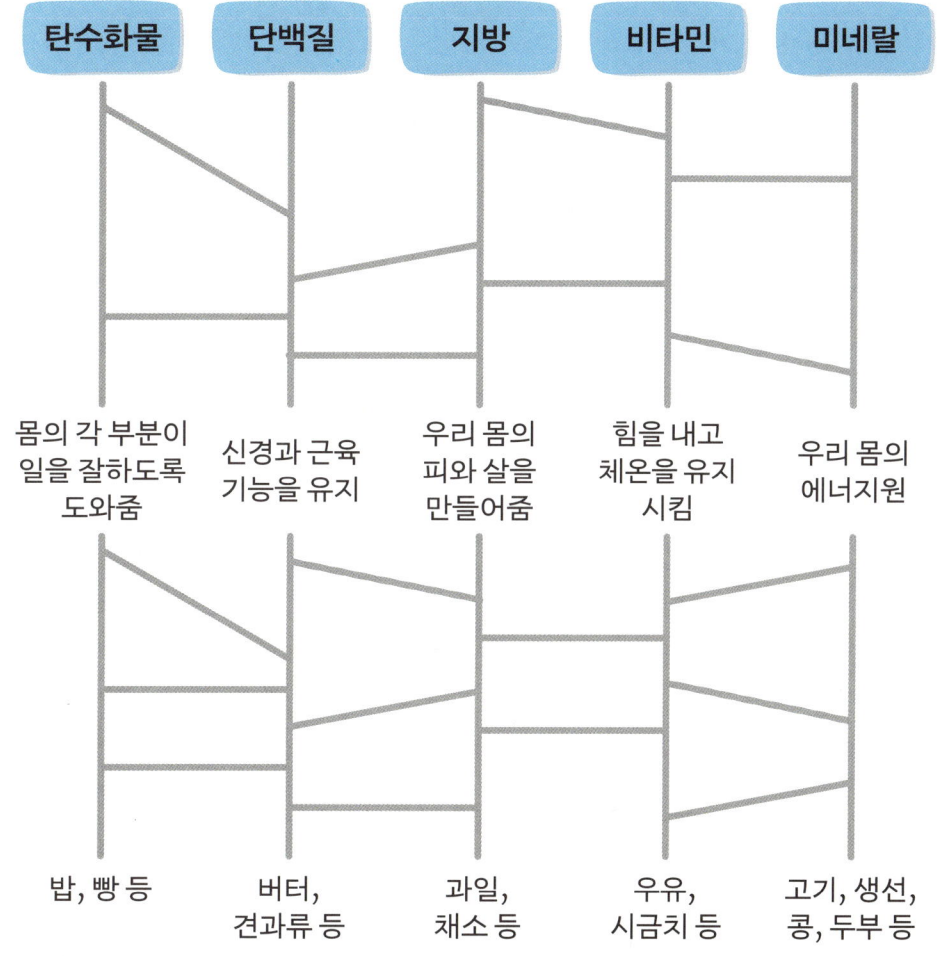

◇ 아래 음식들은 어떤 영양소를 가지고 있는지 각각 적어볼래?

써보기

단어장

광고
廣 넓을 광 告 고할 고
세상에 널리 알림

법안
法 법 법 案 책상 안
법률의 안건이나 초안

패스트푸드
fast food
주문하면 즉시 완성되어 나오는 식품을 통틀어 이르는 말

인스턴트식품
instant + 食 먹을 식 品 물건 품
간단히 조리할 수 있고 저장하거나 휴대하기 편리한 가공식품

소아 비만
小 작을 소 兒 아이 아 肥 살찔 비 滿 찰 만
어린이가 지나치게 높은 체중과 지방을 가진 상태

과체중
過 지날 과 體 몸 체 重 무거울 중
표준에 비하여 지나치게 많이 나가는 몸무게

 이번 뉴스는 어떤 내용을 담고 있니? 짧게 써볼래?

피자, 햄버거 같은 음식의
광고를 제한하면
어떤 일이 일어날까?

너는 스캠스 의원의 법안에 찬성하니? 반대하니?
그 이유를 적어볼까?

만약 네가 정크 푸드 섭취를
줄여야 한다는
광고를 만든다면
어떤 문구를 넣고 싶니?

더 알아보기

Book

◇ **궁금했어, 영양소**

임지원 글 | 남동완 그림 | 나무생각 | 152쪽 | 13,800원

우리 몸을 구성하고 생명을 유지하는 영양소에 대해 잘 설명한 책이야.

Video

◇ **우리 몸에 필요한 5대 영양소**

유튜브 채널 : YTN 사이언스

살아가는 데 꼭 필요한 5가지 영양소의 종류와 효과를 자세히 설명한 영상이야.

◇ **"나중에 크면서 키로 간다"라는 말은 모두 거짓**

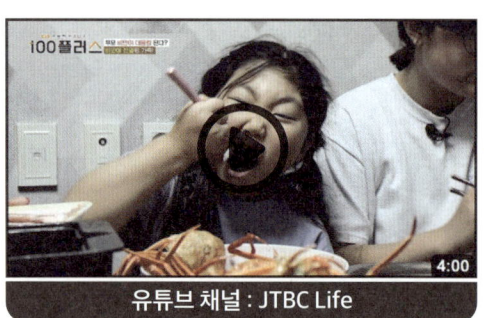

유튜브 채널 : JTBC Life

소아 비만의 위험성에 대해 잘 설명해준 영상이야.

날짜   년   월   일

24 지하철에 나타난 아름다운 청년

2023년 7월, 서울 지하철 6호선 열차 안에서 다른 사람이 토해낸 음식물을 묵묵히 치운 한 청년의 모습이 담긴 영상이 인터넷에서 화제가 되었습니다. 수백만 조회 수를 기록한 이 영상은 같은 시간에 열차를 탄 한 시민이 그 장면을 목격하고 촬영한 것입니다. 이 영상에는 수많은 사람들이 '좋아요'를 누르고 청년에게 감사의 마음을 전하는 댓글을 달았습니다. 서울교통공사는 수소문 끝에 이 청년을 찾아 감사패와 기념품을 전달했습니다. 청년은 "단지 가방에 물티슈가 있었기 때문에 제가 치워야겠다고 생각했고, 다른 사람들에게 피해가 가지 않도록 했을 뿐"이라고 말했습니다. 이 청년은 물티슈로 의자를 깨끗이 닦아낸 후에도 다른 승객들이 그 자리에 앉지 않도록 안내를 했습니다.

서울교통공사에 따르면, 승객이 지하철 안에 음식물을 토하는 일은 해마다 4,000건 넘게 발생한다고 합니다. 토해낸 음식물은 악취가 심하고, 이를 보지 못한 승객이 밟고 가다 미끄러질 경우 크게 다칠 수 있으므로 각별히 조심해야 합니다. 서울교통공사는 지하철에서 토해낸 음식물을 발견하면 시민들의 적극적인 신고가 필요하다고 당부했습니다.

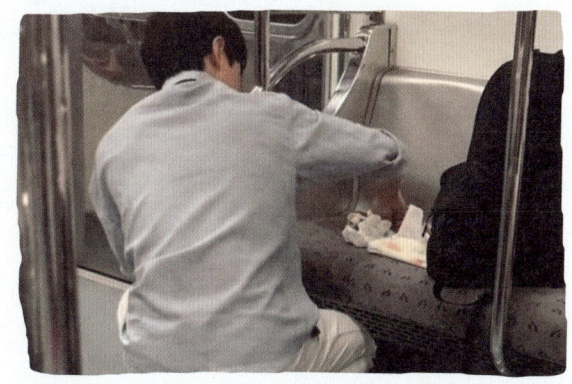

ⓒ 인스타그램 @chae.mook

모르는 낱말 적기 — 활동을 끝낸 뒤, 알게 된 낱말에 ○표 해보자!

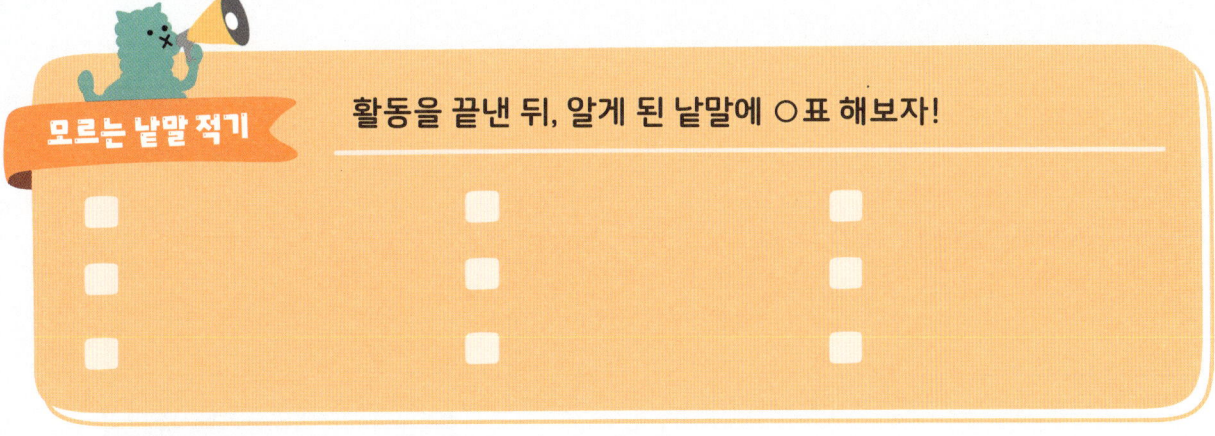

✧ 소리내어 읽었나요? ✓

쉬움 ←——→ 어려움

배우기

1 지하철

◆ 서울 지하철은 여러 개의 노선으로 구성되어 있어. 각 노선은 색으로 구분되지. 6호선은 이렇게 황토색이야. 지하철 6호선 노선을 찾아볼래?

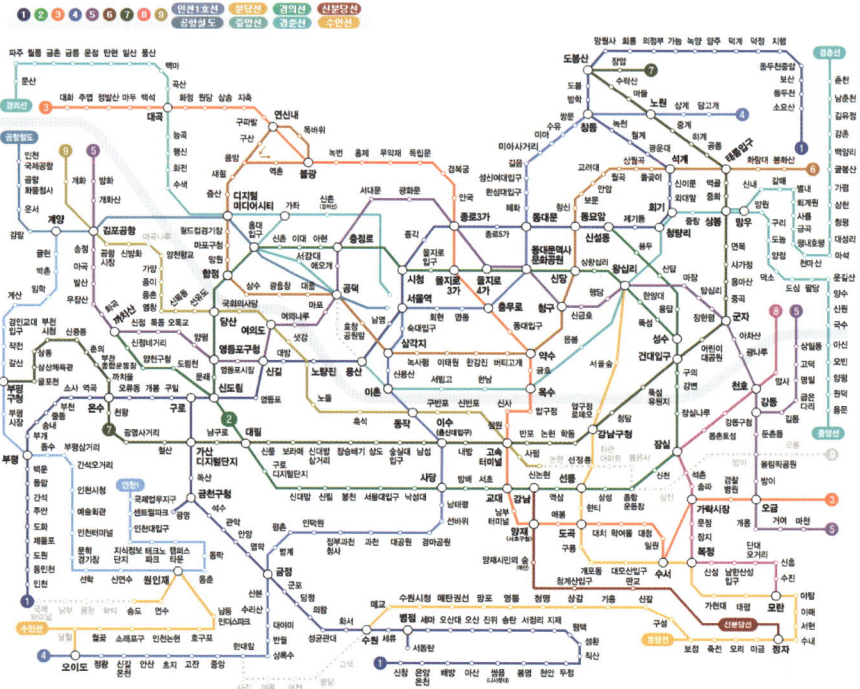

2 인스타그램

◆ 인스타그램에 올라온 청년을 보고 많은 사람들이 '좋아요'를 누르고 칭찬 댓글을 달았대.

인스타그램에서 '좋아요'를 누르면 하트가 빨간색으로 바뀌어. 너도 '좋아요'를 누르고 댓글을 남겨줄래?

3 묵묵히

잠잠할 묵

✧ '묵묵히'는 '말없이 잠잠하게'라는 뜻을 가지고 있어.
'묵묵히'의 '묵'은 조용하다, 잠잠하다는 뜻이지.
미로를 통과하며 '묵묵히'와 비슷한 말들을 알아보자!

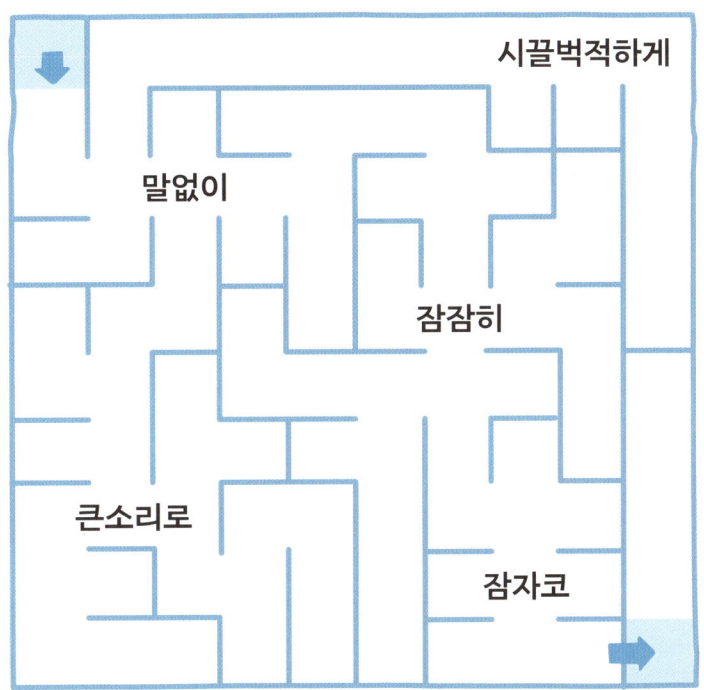

4 각별히

각각 각 / 다를 별

✧ 어떤 일에 대해 특별한 마음가짐이나 자세로 임하는 태도를 '각별히'라고 해. '각별히 조심해야 한다'는 말은 무슨 의미일까?

✧ '각별히'와 비슷한 말을 찾아 선으로 이어볼까?

써보기

단어장

수소문
搜 찾을 수 所 바 소 聞 들을 문
세상에 떠도는 소문을 두루 찾아 살핌

조회
照 비출 조 會 모일 회
어떠한 사항이나 내용이 맞는지 알아보는 일

시민
市 시장 시 民 백성 민
국가 사회의 일원으로 모든 권리와 의무를 가지는 사람

목격
目 눈 목 擊 칠 격
눈으로 직접 봄

승객
乘 탈 승 客 손님 객
차, 배, 비행기 등 탈것을 타는 손님

악취
惡 악할 악 臭 냄새 취
나쁜 냄새

 이번 뉴스는 어떤 내용을 담고 있니? 짧게 써볼래?

만약 네가 기사 속 청년과
같은 열차를 타고 있었다면
어떻게 했을 것 같니?

현재 기사의 제목은
'지하철에 나타난 아름다운 청년'이잖아.
네가 제목을 다시 짓는다면 뭐라고 할래?

상 장

이 아름다운 청년에게
상장을 건네준다면,
상장 이름을 뭘로 할까?
또, 상장에 어떤 글이
적혀 있으면 좋을 것 같아?

더 알아보기

Play

◇ **종이 기차 만들기**

캐논의 creativepark 사이트에서는 기차 도안을 무료로 제공해. 도안을 다운로드 받은 후 한번 만들어보자!

Video

◇ **청년의 아름다운 뒷모습**

6호선에서 목격된 아름다운 청년에 대해 이야기한 뉴스 영상이야.

◇ **지하철 타면서 궁금했던 것 다 알려드림**

서울 지하철에 대한 궁금증을 재밌게 풀어주는 영상이야.

경주 대표 간식 '10원 빵' 모습 바뀐다

경주를 대표하는 간식으로 유명한 '10원 빵'의 모습이 바뀔 예정입니다. 10원 빵은 1966년부터 발행된 우리나라 10원짜리 동전 모양을 그대로 모방하여 만든 빵입니다. 2019년부터 경주의 한 업체가 만들어 팔기 시작해 경주의 명물로 자리 잡았습니다. 서울과 경기도 등 수도권과 고속도로 휴게소에도 매장이 생기며 더욱 유명해졌습니다.

하지만 10원 빵이 인기를 끌자, 우리나라 화폐를 만드는 기관인 한국은행이 '10원짜리 동전과 똑같은 모양으로 빵을 만들어 팔아서는 안 된다'고 주장했습니다. 한국은행은 "한국은행에서 만드는 동전과 지폐는 영리를 목적으로 똑같은 도안을 사용할 수 없다"고 말했습니다. 동전의 모양을 그대로 본떠 상품에 이용할 경우, 화폐에 대한 신뢰가 무너질 수 있기 때문입니다.

한국은행은 '10원 빵'이라는 이름은 계속 사용해도 되며, 현재 10원에 있는 다보탑 대신 첨성대나 불국사 등 다른 도안을 새겨 넣으면 문제가 없다고 밝혔습니다. 결국 10원 빵을 파는 업체는 빵 모양을 일부 바꾸기로 했습니다. 한편, 이와 다르게 일본에서는 10엔짜리 동전을 모방한 빵이 합법적으로 팔리고 있습니다.

ⓒ 10원 빵 업체 홈페이지

 배우기

1 경주

✧ 경주는 어디에 있는 도시일까? 검색해서 지도에 표시해봐.

✧ 경주는 한반도 동쪽에 위치한 대한민국의 대표 관광지 중 한 곳이야. 옛날 신라의 수도로, 다양한 문화 유적을 자랑하는 역사적인 도시지.

경주에는 귀중한 문화유산이 참 많아. 하나하나 색칠하며 알아볼까?

| 다보탑 | 석가탑 | 석굴암 | 첨성대 |

2 10원 빵

✧ 오른쪽 사진이 바로 10원 빵을 만드는 도안이야.

사람들은 왜 줄 서서 사 먹을 정도로 10원 빵을 좋아할까? 네 생각을 써봐.

⇨

3 명물

各	物
이름 명	물건 물

✧ 어떤 곳의 이름난 사물을 '명물'이라고 해.
너희 집에도 명물이 있니? 있다면 적어볼래?

⇨

4 10엔 빵

✧ '엔'은 일본의 화폐 단위야.
엔으로 표기된 금액에 숫자 '0'을
한 개 더 붙이면 우리나라의 '원' 금액과 비슷해.

✧ 그렇다면 10엔은 우리나라 돈으로 얼마 정도일까?

⇨ ☐ 원

써보기

단어장

모방
模 본뜰 모 倣 본뜰 방
다른 것을 본뜨거나 본받음

지폐
紙 종이 지 幣 화폐 폐
종이에 인쇄를 하여 만든 화폐

도안
圖 그림 도 案 책상 안
미술 작품을 만들 때 미리 생각하고 연구해서 그것을 그림으로 설계하여 나타낸 것

매장
賣 팔 매 場 마당 장
물건을 파는 장소

영리
營 경영할 영 利 이로울 리
재산상의 이익을 꾀함

일부
一 하나 일 部 나눌 부
한 부분 또는 전체를 여럿으로 나눈 얼마

 이번 뉴스는 어떤 내용을 담고 있니? 짧게 써볼래?

한국은행이 '10원 빵'의 판매를
반대하는 이유는 뭐니?
그 이유에 대해 너는 어떻게 생각하니?

만약 네가 '10원 빵'을 만들어 파는
업체의 대표라면,
한국은행에 뭐라고 말할 거야?

만약 네가
'10원 빵'의 디자인을
바꾼다면 어떻게
하고 싶니?
한번 그려볼래?

단, 경주를 대표하는
그림이면 좋겠어.
(인터넷으로 자료를
찾아봐도 좋아!)

더 알아보기

Book

◇ **안녕, 나는 경주야**

이나영 글 | 박정은, 이나영 그림 | 상상력놀이터 | 46쪽 | 14,000원

수많은 유적지와 문화재가 있는 경주의 역사와 지리를 한눈에 볼 수 있는 책이야. 지도와 스티커, 워크북으로 나만의 경주 여행을 기록해볼 수도 있어.

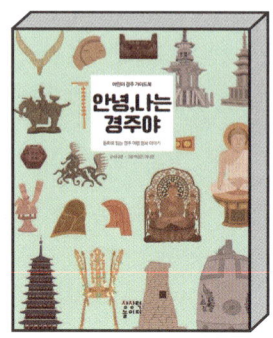

Video

◇ **중앙은행의 탄생부터 현재까지!**

유튜브 채널 : 한국은행

우리나라의 중앙은행인 한국은행은 다른 은행과 무엇이 다른지 설명하는 영상이야.

◇ **경주 명물 '10원 빵'… 일본에서 '10엔 빵'으로 대인기라고?**

유튜브 채널 : 14F 일사에프

경주의 10원 빵과 일본의 10엔 빵에 대해 잘 설명한 영상이야.

'노 키즈 존'은 차별일까?

국가인권위원회가 '백화점 우수 고객을 위한 휴게실에 갓난아기와 어린이의 출입을 제한하는 것은 차별'이라고 발표했습니다. 지난 2022년 3월, A 씨는 생후 100일이 갓 지난 아이를 유모차에 태우고 한 백화점의 우수 고객 휴게실에 들어가려 했으나 거부당했습니다. 아이가 10세 미만이라는 것이 이유였습니다. A 씨는 이를 차별이라며 국가인권위원회에 문제를 제기했습니다.

백화점 측은 안전상의 문제였다고 설명했습니다. "고급 가구와 액자로 꾸며진 시설에서 어린아이들이 다칠 수 있으므로 10세 미만 어린이의 입장을 제한했다"라는 것입니다. 그러나 국가인권위원회는 단지 어린아이와 함께 있다는 이유로 휴게실 입장을 막은 것은 누구나 똑같이 대우 받아야 하는 평등권을 침해한 것이라고 결론 내렸습니다.

최근 어린아이의 입장을 제한하는 '노 키즈 존(No Kids Zone)'으로 카페나 식당을 운영하는 곳이 많습니다. 아이들이 떠들어 다른 손님을 불편하게 하거나 함부로 돌아다니다가 다칠 위험이 있다는 것이 가게 주인들의 입장입니다. 하지만 공공장소 예절을 지키지 않는다는 이유로 무조건 아이들의 출입을 막는 것은 차별이 될 수 있습니다.

© pngwing

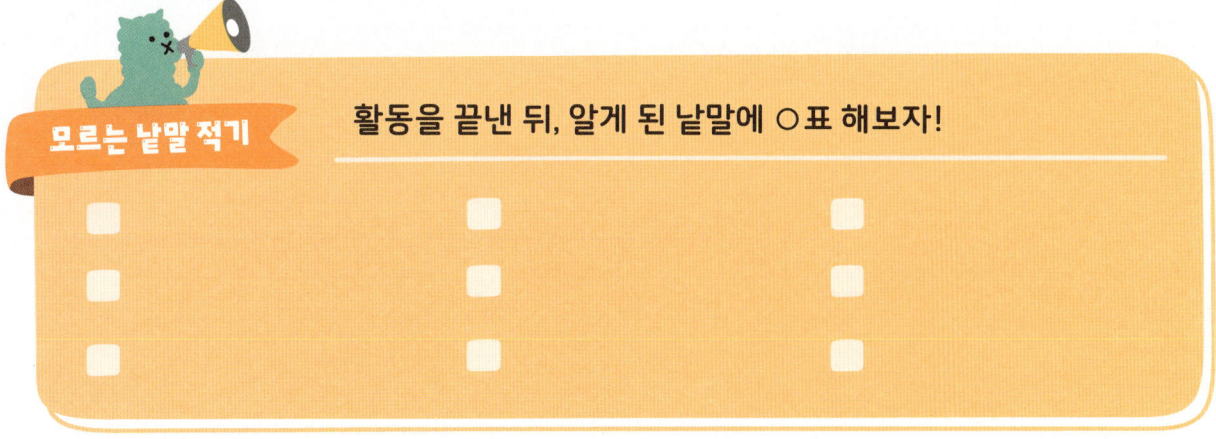

모르는 낱말 적기 — 활동을 끝낸 뒤, 알게 된 낱말에 ○표 해보자!

✧ 소리내어 읽었나요? ✓

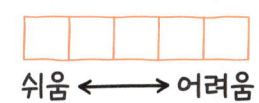

쉬움 ⟵⟶ 어려움

배우기

1 차별

差別
다를 차 | 나눌 별

◇ '차별'은 둘 이상의 대상을 각각 등급이나 수준 등의 차이를 두며 구별하는 것을 말해.
다음 중 '차별'에 해당하는 상황을 모두 골라볼래?

| 남자는 먹을 수 없어. | 모든 인종이 들을 수 있는 강의야. | 당첨이 되었어도 아이들에게는 줄 수 없어. |

☐ ☐ ☐

◇ '차별'의 반대말을 알고 있니?
초성을 알려줄 테니 맞혀봐!

ㅍ ㄷ  ☐☐

2 갓

◇ '갓'은 '이제 막'이란 뜻을 가지고 있어. 그렇다면 아래 문장은 어떤 의미일까?

 생후 100일이 갓 지난 아기   초등학교에 갓 입학했어.

⇩   ⇩

3 노 키즈 존

◆ 보기에서 알맞은 알파벳을 골라 '노 키즈 존'의 스펠링을 올바르게 적어봐!

| | | | | | | | | | | | |

보기
K O S Z E
N I O N D

4 공공장소

◆ '공공장소'란 누구나 자유롭게 들어갈 수 있는 곳을 말해.
아래에서 공공장소인 곳을 모두 찾아 ○표 해봐.

A 공원   B 놀이터   C 우리집   D 버스 정류장

E 박물관   F 마트   G 동물원   H 병원

써보기

단어장

국가인권위원회
한 나라에서 시민들의 인권을 보호하고 증진하기 위한 조직으로 인권 침해 사건 조사, 교육, 인권 보호 정책 제안 등 다양한 역할을 수행하는 곳

우수
優 넉넉할 우 秀 빼어날 수
여럿 가운데 뛰어남

제기
提 끌 제 起 일어날 기
의견이나 문제를 내어놓음

제한
制 억제할 제 限 한계 한
일정한 한도를 정하거나 그 한도를 넘지 못하게 막음

대우
待 기다릴 대 遇 만날 우
어떤 사회적 관계나 태도로 대하는 일

 이번 뉴스는 어떤 내용을 담고 있니? 짧게 써볼래?

나이가 어리다는 이유로 차별을 받은 경험이 있니?
어떤 일이 불평등하다고 느꼈는지 써볼까?

넌 '노 키즈 존'을 찬성하니? 반대하니? 그 이유도 함께 말해줘.

공공장소에서 다른 사람의 행동 때문에
불편했던 적이 있니?
어떤 행동이었는지 써봐.

더 알아보기

Book

◇ **우리는 어린이예요**
윤미경 글 | 강나래 그림 | 국민서관 | 36쪽 | 15,000원

꼭 알아두어야 하는 '아동권리헌장'을 어린이도, 어른도 쉽게 이해하도록 풀어쓴 그림책이야.

Video

◇ **출산율 세계 꼴찌인데, 왜?**

유튜브 채널 : KBS News

세계에서 출산율이 가장 낮은 우리나라에서 노키즈존 영업이 활발한 것에 대해 문제를 제기하는 영상이야.

◇ **공공장소에서 지켜야 할 수칙들!**

유튜브 채널 : 피피루 안전특공대 Pipilu Rangers

공공장소에서 지켜야 할 예절 및 안전 유의사항을 담은 영상이야.

21 미국에서 인기를 끄는 한국 냉동 김밥

한국에서 만든 냉동 김밥이 미국에서 큰 인기를 끌고 있습니다. 트레이더 조스(Trader joe's)는 미국에 560여 개 매장을 운영 중인 식품점입니다. 지난 2023년 8월 국내 냉동 김밥 제조업체가 트레이더 조스에 수출한 김밥이 인기를 얻으면서 품절 사태가 이어졌습니다. 김밥이 없어서 못 팔 지경이 된 것입니다.

이 김밥이 입소문을 타기 시작한 것은 한국계 미국인 세라 안(Sarah Ahn) 씨가 틱톡에 어머니가 냉동 김밥을 시식하는 영상을 올리기 시작하면서부터입니다. 트레이더 조스에 따르면, 냉동 김밥은 2주 만에 250톤이 팔렸다고 합니다.

한국 냉동 김밥이 인기를 끄는 이유는 주재료가 당근, 우엉, 유부 등 식물성 재료이기 때문입니다. 소비자들이 비만 등의 질병을 일으킬 수 있는 고기나 기름에 튀긴 음식보다 냉동 김밥이 건강하다고 인식하고 있는 것입니다. 또 햄버거보다 싼 가격도 인기를 끄는 데 한몫하고 있습니다. 김밥 한 줄에 3.99달러로, 우리 돈으로는 약 5000원입니다. 1~2분 정도 전자레인지에 데워 간편하게 먹을 수 있다는 것도 냉동 김밥만의 장점입니다. 이제 냉동 김밥은 불고기, 떡볶이, 라면에 이어 K-푸드 열풍을 이끌고 있습니다.

ⓒ 올곧

1 김밥

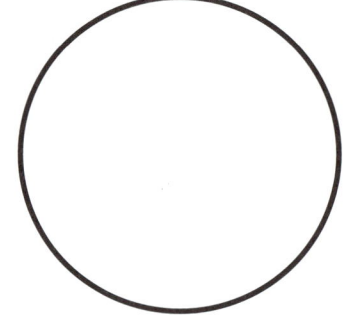

◆ 기사에 나오는 김밥이야. 아래는 포장지 문구에 인쇄된 김밥 설명이야.
영어 단어를 해석해서 아래 빈칸을 채워볼래? 인터넷 검색을 해도 좋아.

KOREAN	TOFU	AND	VEGETABLE	SEAWEED	RICE	ROLL
	두부	그리고	채소			말아둔 것

◆ 넌 어떤 김밥을 좋아하니?
원하는 재료를 넣어 김밥을 그려볼래?

2 지경

◆ '지경'은 '경우'나 '형편', '정도'를 나타내는 말이야. 보통 어렵거나 심각한 상황일 때 사용해.

> 김밥이 없어서 못 팔 지경이 된 것입니다.

◆ 그렇다면 네가 '지경'을 넣어서 문장을 만들어볼래?

⇨

3 한몫하다

✧ 어떤 일이나 작업을 할 때, 많은 일을 하거나 노력해서 거기에 도움을 주는 것을 '한몫하다'라고 표현해. 그렇다면 아래 문장을 알맞게 풀어 설명한 것은 어느 쪽일까?

> 햄버거보다 싼 가격도 인기를 끄는 데 한몫하고 있습니다.

- 햄버거보다 싼 가격도 인기를 끄는 데 도움이 됩니다. ☐
- 햄버거보다 싼 가격도 인기를 끄는 데 소용이 없습니다. ☐

4 K-푸드

✧ 'K-푸드'는 한국의 음식과 요리에 관련된 말인데, 이때의 'K'는 한국을 뜻하는 영어 ☐☐☐☐☐ 의 첫 글자를 딴 거야.

한국의 제품이나 현상 등에 K를 붙여 한국과 관련된 것을 강조하는 역할을 하지.

✧ 낱말과 뜻을 각각 올바르게 이어볼래?

K-팝 (K-POP) • • 한국의 미용 및 화장품 산업

K-뷰티 (K-BEAUTY) • • 한국의 드라마

K-드라마 (K-DRAMA) • • 한국의 음악

써보기

단어장

트레이더 조스
Trader joe's
미국의 대형 식료품점

TRADER JOE'S

운영
運 옮길 운 營 경영할 영
조직이나 사업체 등을 경영함

품절
品 물건 품 切 끊을 절
물건이 다 팔리고 없음

인식
認 알 인 識 알 식
사물을 분별하고 판단하여 앎

열풍
烈 매울 렬(열) 風 바람 풍
매우 세차게 일어나는 기운이나 기세를 비유적으로 이르는 말

 이번 뉴스는 어떤 내용을 담고 있니? 짧게 써볼래?

미국에서 냉동 김밥이
인기를 끄는 이유는 무엇이니?

전 세계 사람들이 좋아할 만한
우리나라 음식으로는 또 뭐가 있을까?

네가 널리 알리고 싶은
'K-○○'은 무엇이니?

더 알아보기

Book

◇ **돌돌 말아 김밥**
최지미 글·그림 | 책읽는곰 | 40쪽 | 12,000원

김밥 재료의 특징을 잘 살린 개성 있는 캐릭터들이 등장해 김밥이 만들어지는 과정을 재미있게 보여주는 그림책이야.

Video

◇ **망해가는 기업도 살릴 판… 전 세계 K-푸드 열풍 '해가 지지 않는다'**

SNS를 통해 한국 음식들이 인기를 끌고 있는 현상에 대해 취재한 K-푸드 관련 뉴스 영상이야.

◇ **외국인 심금마저 울리는 'K-컬처'의 비결**

K-콘텐츠라고 불리는 한국의 영화, 음악, 드라마 등이 해외에서 인기를 끄는 이유와 K-컬처의 전반적인 이야기를 담은 영상이야.

28. 길고양이 보호를 위한 법, 필요할까?

충청남도 천안시의회가 전국 최초로 '길고양이 보호'를 위한 조례를 추진했습니다. 하지만 찬성과 반대 의견이 팽팽해 결론이 나지 않은 채로 조례안은 보류되었습니다.

천안시의회는 갈수록 심각해지는 길고양이 문제를 해결하기 위해 시에서 예산을 투입해 고양이를 보호하고 관리해야 한다고 주장했습니다. 고양이가 마음 놓고 밥을 먹을 수 있는 고양이 급식소 설치, 고양이 수가 무한정 늘어나지 않도록 하는 중성화 수술 등을 시의 예산으로 시행해야 한다는 것입니다. 길고양이는 야생동물이지만 사람들과 같은 공간에서 살아가는 우리의 '이웃'이기 때문입니다.

하지만 반대 의견도 만만치 않습니다. 시민의 소중한 세금으로 길고양이만 보호하는 것이 바람직하지 않다는 이유입니다. 인터넷 게시판에는 "길고양이는 전염병을 옮길 수 있으므로 안락사 등을 통해 고양이 숫자를 줄여야 한다"라는 글도 올라왔습니다. 천안시의회는 섣불리 결론을 내리면 더 큰 갈등을 일으킬 수 있다면서 최종 결론을 내리지 않았습니다. 한편, 2024년 3월에는 대전시의회에서도 길고양이의 중성화 사업을 지원하는 내용의 조례안이 가결되었습니다.

© pixabay

모르는 낱말 적기 — 활동을 끝낸 뒤, 알게 된 낱말에 ○표 해보자!

◇ 소리내어 읽었나요? 쉬움 ←→ 어려움

배우기

1 길고양이

✧ 주인이 없고, 길거리를 자유롭게 다니며 살아가는 고양이를 '길고양이'라고 한단다. 고양이가 가진 특징을 아는 대로 써볼래?

⇨

2 조례

✧ 작은 지역 또는 지방에서 사용되는 법을 '조례'라고 해.

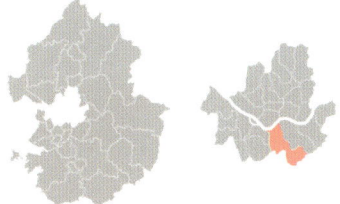

주로 도, 시, 군, 구와 같은
지방 행정 단위에서 만드는 법이라서

국가 법률보다 더 구체적이고
지역 사회에 어울림

✧ 조례에 해당하는 것을 사다리 타기로 찾아볼래?

3 팽팽하다

◆ 둘의 힘이 서로 엇비슷하다고 할 때 '팽팽하다'라고 해.

그렇다면 아래 기사 내용은 어떻게 해석할 수 있을까?

> 찬성과 반대 의견이 팽팽해 결론이 나지 않은 채로 조례안은 보류되었습니다.

⇨

4 중성화 수술

◆ '중성화 수술'은 고양이를 아빠나 엄마가 되지 못하게 만드는 거라고 생각하면 돼.

中	性	化
가운데 중	성품 성	될 화

수컷 고양이
고환을 없앰

암컷 고양이
자궁과 난소를 없앰

즉, 아기를 만드는(생식) 몸의 기관들을 없애는 수술이지.

그런데 이 수술은 고양이에게 다양한 장점이 있다고 해.

수컷 고양이
전립선 문제 예방
고환 종양 발생 예방

암컷 고양이
자궁암 위험 줄어듦
유방암 위험 줄어듦

동물의 건강과 사회의 안정을 위해 중성화 수술은 비교적 안전하고 효과적인 방법이래.

써보기

단어장

추진
推 밀 추 進 나아갈 진
목표를 향하여 밀고 나아감

보류
保 지킬 보 留 머무를 류
어떤 일을 당장 처리하지 않고 나중으로 미루어 둠

심각
深 깊을 심 刻 새길 각
깊이 새김

예산
豫 미리 예 算 계산 산
필요한 비용을 미리 헤아려 계산함. 또는 그 비용

섣불리
솜씨가 설고 어설프게

가결
可 옳을 가 決 결정할 결
회의에서 제출된 의안을 합당하다고 결정함

 이번 뉴스는 어떤 내용을 담고 있니? 짧게 써볼래?

만약 네가 길고양이인데,
길을 걷다가 급식소를 만났다면
어떤 기분일까?

천안시의회는
왜 길고양이 보호 조례에 대한
결론을 내리지 못했니?

넌 길고양이에게
밥을 챙겨주는 일을
찬성해, 반대해?
그 이유도 써볼래?

더 알아보기

Book

◇ **분홍 코 길고양이 레기**
정명섭 글 | 류주영 그림 | 니케주니어 | 88쪽 | 13,000원

어느 날 우연히 발견한 분홍 코 아기 길고양이를 보살피면서 깨닫는 책임감의 무게와 의미를 이야기하는 책이야.

Video

◇ **길냥이의 24시간, 그들이 길 위에서 살아가는 법**

유튜브 채널 : 달리 [SBS DALI]

길고양이의 생활과 그 생태계를 담은 영상이야.

◇ **법의 위계 | 헌법 법률 명령 조례 규칙**

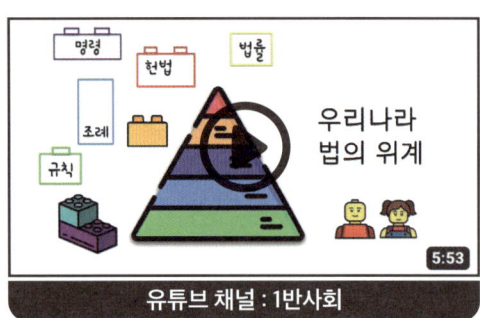
유튜브 채널 : 1반사회

조례와 다양한 법에 대해 설명 해주는 영상이야.

29. 밀크플레이션, 우유 값이 오른다

2023년 10월부터 흰 우유 1리터짜리 한 팩의 가격이 일제히 3~6퍼센트가량 올랐습니다. 대형 마트 판매 가격은 2,900원대 후반이 되었고, 편의점에서는 이미 3,000원을 넘어섰습니다. 요구르트, 치즈 같은 유제품 가격 역시 6~9퍼센트 상승했고, 우유가 필수적으로 들어가는 빵, 버터, 아이스크림 등도 줄줄이 가격이 오르는 '도미노 현상'이 일어났습니다. 이러한 현상을 '밀크플레이션'이라고 합니다. 우유(milk)와 인플레이션(inflation)의 합성어인데, 우유 가격이 오르면서 우유가 포함된 다른 제품의 가격까지 덩달아 가격이 오르는 현상을 뜻합니다. 우유를 공급하는 업체들은 목장에서 사들이는 원유 가격 자체가 비싸졌고, 인건비, 포장재 같은 비용들도 모두 올랐기 때문에 우유 가격 상승은 불가피하다고 말합니다.

한 통계 사이트에 따르면, 서울의 우유 1리터 가격은 평균 2.12달러(약 2,800원)입니다. 미국 뉴욕(1.35달러), 프랑스 파리(1.32달러), 영국 런던(1.61달러), 일본 도쿄(1.4달러)보다 약 30~60퍼센트 정도 비쌉니다. 이런 현상은 우리나라 정부가 산업 보호 차원에서 매년 우유의 매입 가격을 올리기 때문이라고 합니다.

© unsplash

모르는 낱말 적기 — 활동을 끝낸 뒤, 알게 된 낱말에 ○표 해보자!

◇ 소리내어 읽었나요? ☑ 쉬움 ←→ 어려움

배우기

1 밀크플레이션

milk	inflation
밀크	인플레이션
우유	물가 상승

✧ '밀크플레이션'은 '우유(milk)'와 '인플레이션(inflation)' 두 단어의 조합으로 만들어진 줄임말이야. '인플레이션'은 물가 상승을 나타내는 경제 용어야.

그렇다면 '밀크플레이션'은 어떤 상황을 나타낸 말일까?
기사 본문에서 찾아볼래?

⇨

✧ 그래프를 보면 인플레이션이 시작되면서 우유 가격이 오르는 것을 알 수 있어.
다른 유제품의 가격이 오르는 것도 그래프에 그려볼래?

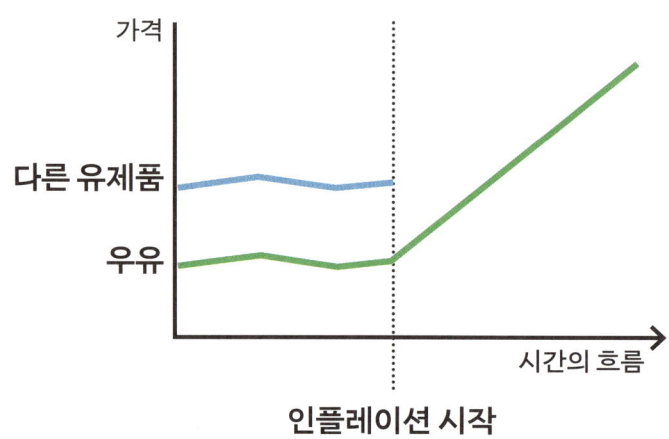

2 유제품

◇ 우유는 주로 소, 양, 염소 등에게서 얻을 수 있어. 이 우유를 발효하거나 건조하는 등 가공해서 만든 제품을 '유제품'이라고 해. 다시 말해, 우유를 기본 재료로 해서 만든 것이 유제품이야. 아래에서 유제품을 모두 찾아볼래?

⇨ [　　　　　　　　　　]

3 도미노 현상

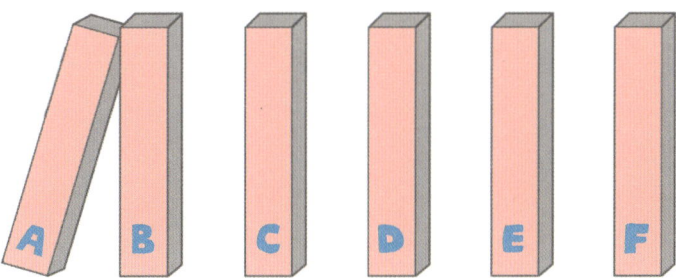

◇ 위와 같이 줄지어 서 있는 상황에서 A가 오른쪽으로 넘어지면 나머지 B, C, D, E, F는 어떻게 될까?

⇨ [　　　　　　　　　　　　　　　　　　　　]

'도미노 현상'은 마치 도미노 조각들이 서로 밀면서 연이어 넘어지듯이 어떤 사건이 다른 사건을 줄줄이 불러오는 현상을 뜻해.

써보기

단어장

가량
假 거짓 가 量 헤아릴 량(양)
어떤 일에 대하여 확실한 계산은 아니지만 얼마쯤이 되리라고 짐작해 봄

원유
原 근원 원 乳 젖 유
소에게서 짜낸 그대로의 우유

매입
買 살 매 入 들 입
물건 등을 사들임

인건비
人 사람 인 件 물건 건 費 쓸 비
사람을 부리는 데에 드는 비용

불가피하다
不 아닐 불 可 옳을 가 避 피할 피 + 하다
피할 수 없다

 이번 뉴스는 어떤 내용을 담고 있니? 짧게 써볼래?

우유를 비롯해서 네가 좋아하는
유제품을 알려줄래?
좋아하는 이유도 함께 써줘.

우유 가격이 계속
오르게 되면 어떻게 될까?

다른 유제품의 가격도
함께 오른다는 이야기는
제외하고 말해줘.

우유 가격을 낮추기 위해서는 어떤 방법을 써야 할까?

더 알아보기

Book

◇ 초등 경제용어 일력 365
옥효진 글 | 매일경제신문사 | 400쪽 | 20,000원

초등 경제 교육 멘토 옥효진쌤이 직접 뽑은
초등학생이 알아야 하는 경제용어 365개를 담은 일력이야.

◇ 우유 한 컵이 우리 집에 오기까지
율리아 뒤르 글 | 윤혜정 옮김 | 우리학교 | 40쪽 | 15,000원

내가 오늘 마신 우유 한 컵이 어디에서부터,
어떻게 우리 집까지 왔는지 그 과정을 담은 그림책이야.

Video

◇ 우유가 올리는 '도미노 물가 인상'… 밀크플레이션은 진행 중

유튜브 채널 : JTBC News

우유 가격이 오르면서 도미노처럼 다른 제품의 가격도 오르게 되는 현상을 담은 영상이야.

경찰견 '럭키', 영원히 잠들다

날짜   년   월   일

대전경찰특공대에서 탐지견으로 활동하던 '럭키'가 2023년 9월 25일 숨을 거두었습니다. 2015년에 태어난 럭키는 2018년 평창 동계올림픽과 2019년 광주 세계수영선수권대회 등 주요 국가 행사에서 폭발물 탐지견으로 활약했습니다. 200회 이상의 폭발물 신고 출동, 실종자 수색 등의 임무도 성공적으로 해냈습니다. 럭키는 매년 경찰특공대 전술 평가대회 폭발물 탐지 및 수색견 부문에서 3위 안에 들 정도로 뛰어난 기량을 뽐냈습니다.

럭키는 세상을 떠나기 몇 달 전부터 원인을 알 수 없는 종기가 생겨 시름시름 앓았습니다. 그러다 급성 혈액암이 온몸에 퍼지고나서부터는 업무를 중단했습니다. 병원에서 입원 치료를 받았지만 상태가 더욱 나빠졌습니다. 수의사는 계속 치료를 이어가면 럭키에게 고통만 줄 뿐이라고 조언했고, 결국 세상을 떠난 럭키는 태극기로 감싸진 채 특공대원들의 경례를 받으며 특공대 건물 뒤뜰에 묻혔습니다.

럭키와 함께 활동하던 대전경찰특공대 이상규 경사는 "럭키는 언제나 무한한 사랑과 신뢰를 주는 동반자였다"라고 회상했습니다. 또 "항상 옆에서 힘이 되는 동료였다. 그동안 고생 많았고 영원히 잊지 않겠다"라고 말했습니다.

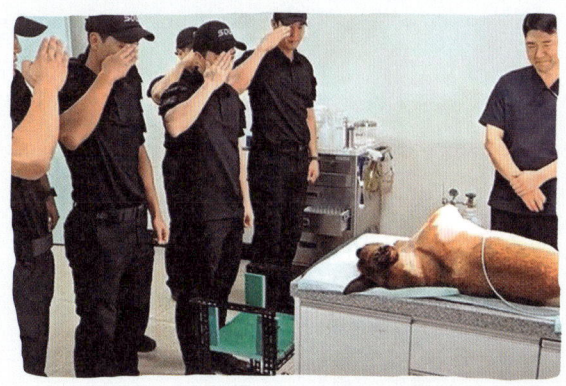

ⓒ 대전경찰청

모르는 낱말 적기 활동을 끝낸 뒤, 알게 된 낱말에 ○표 해보자!

◆ 소리내어 읽었나요? ✓

쉬움 ⟵⟶ 어려움

배우기

1 탐지견

探	知	犬
찾을 탐	알 지	개 견

✧ 후각(냄새를 맡는 감각)이 발달되어 경찰이 무언가를 찾을 때 도울 수 있도록 훈련을 받은 개를 '탐지견'이라고 해.

✧ 아래 내용은 탐지견들이 하는 일이야. 그림과 탐지견 역할을 알맞게 이어볼래?

 •

• **범죄자 찾기**
범행 현장을 떠난 범인의 냄새를 기억해서 뒤쫓아 가며 찾아.

 •

• **행사장 보안**
많은 사람이 모이는 장소에서 위험성이 있는 물건을 찾아내.

 •

• **폭발물 탐지**
기차역 등의 공공장소에서 폭발물을 수색해.

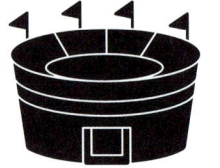 •

• **실종자 찾기**
사람의 냄새를 따라가서 실종자의 행방을 찾아.

2 급성 혈액암

◇ '암'은 우리 몸에 있는 작은 세포들이 잘못된 방향으로 자라서 큰 문제가 되는 병이야.
암은 종류에 따라 다양한 이름이 있어.
예를 들어 위암은 위에 생긴 암, 폐암은 폐에 생긴 암을 뜻하지.

'급성'은 갑작스럽게 생긴 것을 뜻하는데, 그렇다면 럭키의 '급성 혈액암'은
어떤 병이었을지 생각해서 써볼래?

⇨

3 경례

◇ '경례'는 공경의 뜻을 나타내며 하는 인사야.
계급이 있는 단체나 군대 등에서
고개를 숙이거나 오른손을 펴서
이마 오른쪽 옆, 또는 가슴에 대는
방식으로 인사를 해.

4 시름시름

◇ '시름시름'은 아픈 것이 나아지지 않아 오래 끄는 모양을 나타내는 말이야.

예 | 몸이 약해서 시름시름 자주 앓았어.

◇ 너도 '시름시름' 했던 순간이 있니?

⇨

써보기

단어장

수색
搜 찾을 수 索 찾을 색
구석구석 뒤져 찾음

부문
部 떼 부 門 문 문
일정한 기준에 따라 분류하거나 나누어 놓은 낱낱의 범위나 부분

기량
器 그릇 기 量 헤아릴 량(양)
사람의 재능과 도량을 아울러 이르는 말

종기
腫 부스럼 종 氣 기운 기
피부의 털구멍 등에 세균이 들어가서 생기는 염증

조언
助 도울 조 言 말씀 언
말로 거들거나 깨우쳐주어 도움

회상
回 돌아올 회 想 생각 상
지난 일을 돌이켜 생각함

 이번 뉴스는 어떤 내용을 담고 있니? 짧게 써볼래?

대전경찰특공대 대원들은 왜
럭키를 특공대 건물 뒤뜰에
묻었을까?

자신이 가는 마지막 길을 배웅해 준
경찰 동료들을 보면서
럭키는 어떤 생각을 했을까?

럭키에게 위로와 감사의
마음을 전하는
말을 적어볼까?

더 알아보기

Book

◇ **달려라! 경찰견 래오**
김은아 글 | 루보 그림 | 그린애플 | 156쪽 | 13,500원

주인에게 학대당하다 버려진 개가 죽을 고비를 넘기고 경찰견으로 새로운 삶을 살게 되는 이야기를 담은 책이야.

Video

◇ **"사랑만 주고 떠난 동료" 탐지견 럭키 작별… 동료 경찰들 추모 잇따라**

기사 속 럭키의 마지막 모습을 담은 영상이야.

◇ **마약 탐지견은 최애 간식과 마약 중에 무엇을 선택할까?**

탐지견 경진대회에서 상자 속에 간식과 마약을 숨겨두고 탐지견들에게 찾게 했어. 탐지견들은 간식 앞에서도 마약을 찾을 수 있을까? 확인해봐!